愛を考える

キリスト教の視点から

平林孝裕 [編著]
関西学院大学共同研究「愛の研究」プロジェクト [編]

関西学院大学出版会

愛 を 考 え る

キリスト教の視点から

はしがき

　《愛》…、これを「〜とは何か」と問われたら、どれだけの人が明快に答えることができるだろう。《愛》を知らない者はいないはずだが、これを真正面から語ろうとすると、思わず言葉がでない、というところだろうか。

　今日私たちが当たり前に用いている《愛》という言葉は、明らかに西洋語の翻訳語である。明治以降、西洋文化の移入とともに、漢語「愛」は、「ラブ」として新しい命を吹き込まれた。それは男女関係の新しい姿（恋愛）をもたらし、少なからず日本人の思考・行動に変化をもたらした（佐伯1998）。私たちが今も、この言葉を口にする際に、ある種のとまどい、居心地のわるさ、気恥ずかしさを感ずるのも、愛という言葉のこのような歴史性に由来する。

　柳父章（2001）によれば、漢語「愛」が「ラブ」の翻訳語に選ばれる経緯には、キリスト教の働きが、とくに聖書翻訳事業が決定的な役割を果たしている。ロバート・モリソン（19世紀初頭のイギリス人宣教師）は、中国語の『神天聖書』（1819年訳了、1823年刊行）で「愛」を「ラブ」の翻訳語として選定したが、日本語訳聖書にも、この語がそのまま採用されたのである。西洋の言語では、しばしば、日常語としての愛——当然、男女の愛もふくまれる——とキリスト教的愛を表現する語は同一である。そこには一種の曖昧さがある。だからこそ、キリスト教は、つねに「《愛》とは何か」を自覚的に問わざるを得なかった。日本語に翻訳語として「愛」を受け入れたことで、私たちも、この曖昧さと問題とを共有しているのである。

　《愛》を語らずして、キリスト教を語ることは不可能である。むしろ、暴力と紛争に溢れる現代だからこそ、キリスト教は《愛》を力強く語るべきであろう。しかしながら、先述のような《愛》をめぐる問題を顧慮しつつ、キリスト教的愛を明快に語ることは、必ずしも容易なことではない。

本書は、10名の執筆者による、《愛》に関する共同研究（2004/2005年度関西学院大学共同研究・一般研究B）の成果である。関西学院大学を中心とした研究者が集い、《愛》の問題についてキリスト教の視点を意識しながら、研究発表と熱心な討議を繰り返した内容を収めた。聖書学の立場（水野・辻・嶺重・大宮）から、またキリスト教思想・神学の立場（山上・舟木・近藤・平林・中道）から、興味深い、問題提起的な議論が展開されている。さらにこれらの議論に、今日キリスト教との関係が議論されるイスラームの立場（後藤）からの寄与が一石を投じている。個々の研究の立ち入った紹介は避けることにしたい。むしろ直接、各論考を読んで、ともに《愛》について考えるよう、お勧めしたいと思う。

　すでに、共同研究の成果の一部は、関西学院大学・総合コース「現代における《愛》の可能性―キリスト教の視点から―」（2006年度より）として教育面において還元されている。講義と執筆の過程は時期的に重複しており、聴講した学生からの質問・意見は何らかのかたちで各論考に反映させるよう努めた。この場をかりて学生諸氏に感謝したいと思う。また、本書の刊行に際して思わぬ障害が発生し、関係各位には多大なご迷惑をおかけした。改めてお詫びする次第である。そのような困難の中、本書の計画に理解を示され、出版を快諾された関西学院大学出版会に篤く感謝したい。

執筆者を代表して　　平林孝裕

【参考文献】
海老沢有道（1964）:『日本の聖書　聖書和訳の歴史』日本基督教団出版部。
佐伯順子（1998）:『「色」と「愛」の比較文化史』岩波書店。
柳父章（2001）:『一語の辞典　愛』三省堂。

目　　次

はしがき 3

第1章　ヘブライ語聖書は「愛」を知っているか
　　　　　物語における「愛」
　　　　　　　　　　　　　　　　　　　　水野隆一　7

第2章　隣人愛とイエス、初期キリスト教　　辻　　学　29

第3章　愛の讃歌
　　　　　第一コリント書13章にみるパウロの「愛」の理解
　　　　　　　　　　　　　　　　　　　　嶺重　淑　53

第4章　パウロは性と結婚についてどう考えていたか
　　　　　第一コリント書7：1-7を手がかりに
　　　　　　　　　　　　　　　　　　　　大宮有博　75

第5章　イスラームにおける愛の諸相　　　　後藤裕加子　95

第6章　パスカル『パンセ』における「愛」　山上浩嗣　111

第7章　キェルケゴールと真実の愛　　　　　舟木　譲　139

第8章　愛の存在論　ティリッヒを手がかりに　近藤　剛　159

第9章　《神への愛》と《隣人愛》
　　　　　カール・バルトにおける《自己愛》をめぐって
　　　　　　　　　　　　　　　　　　　　平林孝裕　181

第10章　キリスト教式結婚式の変遷と愛による神聖化
　　　　　　　　　　　　　　　　　　　　中道基夫　207

索　　引（聖書・クルアーン引証）............... 230
執筆者紹介 236

第1章　ヘブライ語聖書は「愛」を知っているか
物語における「愛」

水野隆一

は じ め に

　イエスによる「律法の要約」は、ヘブライ語聖書の中で語られている「愛」に焦点を当てている。

> 　イエスはお答えになった。「第一の掟は、これである。『イスラエルよ、聞け、わたしたちの神である主は、唯一の主である。心を尽くし、精神を尽くし、思いを尽くし、力を尽くして、あなたの神である主を愛しなさい。』第二の掟は、これである。『隣人を自分のように愛しなさい。』この二つにまさる掟はほかにない。」（マルコ 12:29-31。新共同訳。傍点は筆者）

　神殿から商人を追い出したこと（マルコ 11:15-17）に端を発して、イエスの「権威」をめぐって当時の宗教的権威者たちとの問答が行われているが、その最後に、1人の律法学者が登場し、「あらゆる掟のうちで、どれが第一でしょうか」という問い（マルコ 12:28）を発した。上に引用したイエスの発言は、ヘブライ語聖書

から申命記 6:4-5 とレビ記 19:18 を引用することで、この問いに答えるものである。しかし、後には、マルコによる福音書が記すイエスの「権威」をめぐる一連の問答という文脈を離れて、イエスの教えの精髄が示されている箇所として扱われてきた。

ここで「愛する」と訳されている語には、ἀγαπάω という動詞が用いられている[1]。ここに引用されているのは七十人訳であるが、マソラ本文で見ると、どちらの箇所においても、אהב という動詞が使われている。本論では、この動詞の用いられ方、また、同じ語根から派生した名詞 אַהֲבָה の用法、ことに物語における意味作用に注目して、ヘブライ語聖書における「愛」の諸相について検討しようとするものである。

I 動詞 אהב

動詞 אהב (「愛する」) は 217 回、ヘブライ語聖書の中で用いられている。その派生形である名詞 אַהֲבָה (「愛」) は 34 回用いられている (章末検索結果一覧表 1、2 を参照)[2]。

この一覧表から見て取れることがある。まず第 1 に、この語は、主に人間同士の愛情を表現する場合に用いられていることである。主体も対象も様々であるが、人間が主体となって「愛する」と言われることが主である。主体となっているのが女性 (妻など) よりも男性 (夫など) の方が多いのは、男性中心的な世界観・価

---

[1] この動詞は、名詞 ἀγάπη から派生したものと考えられている。
[2] 検索には、聖書研究ソフトウェア Accordance7.0 を用いた。

値観をもち、男性中心の記述が多いヘブライ語聖書としては予想される結果である。

　第2に分かることは、「神を愛する」という表現は申命記とその影響を受けた歴史書、いわゆる「申命記的歴史」[3]に特徴的な言い回しとして認められることである。ヤハウェが主体となっている場合も、対象となっている場合も、申命記で用いられる回数が圧倒的に多いことからも、このように考えられる。

　これらの点から予想されるのは、この語根 אהב が、元来は人間の「愛」を表す語であって、それが神を対象とするものへと類比的に拡大使用されるようになったという、語の使用に関する歴史である。そこで、まず、この語そのものが持つ語義について簡単に見ておこう。

　The Hebrew and Aramaic Lexicon of the Old Testament（KB）には、同種の語根がアラビア語では「激しく息をすること」「興奮すること」を意味するという記述が加えられている。ここには感情の高ぶりが「愛」として理解されていることが示されている。

　一方、Wallis は、Driver と Hirshberg の研究を引用しながら、この語根が「皮膚、革」と関連を持つことを論じ、身体的な感覚が「愛」の基本にあり、感情的な面はそこから発展していった可能性を述べている（1974:102）。

3　M. ノートによって提案された仮説で、申命記、ヨシュア記、士師記、サムエル記上下、列王記上下が、1人の歴史家によって記述されたとするものである（『旧約聖書の歴史文学』。邦訳は、樋口進の訳によって日本基督教団出版局より1988年に出版されている）。その後、複数回にわたる編集や、1人の著作ではなく「学派」の存在を想定するなど、変更は加えられたが、これらの書物が一貫した価値観と歴史観（神学）を持っている点については、広く認められている。

とすると、אהב という語根は、人間的に「自然な」感情を、その身体的な側面とも関係させながら述べているということになる。しかし、それでは、隣人を「愛する」という場合に考えられる「博愛」や「人類愛」の感情は理解しにくいし、神を「愛する」ということに至っては、アナロギアの範囲を超えているように思われる。

そこで、物語の中で「愛する」あるいは「愛されている」と語られている部分を取り出し、この語の意味するところを探ってみる。そこから、この語の意味するもの、また神や隣人への「愛」について考察を進めていくこととする。

II　物語に描かれた「愛」

検索一覧表1を見ると、物語において、人が人を「愛する」と語られている箇所は、創世記とサムエル記に集中していることが分かる[4]。前者においてはアブラハムとその子孫における家族「愛」が、後者においてはダビデをめぐる「愛」が描かれている。それらの「愛」の有様が物語の中でどのように描かれているかに注目することで、ヘブライ語聖書が「愛」をどのようにとらえているか見てゆく。

4　*Theological Lexicon of the Old Testament*（TLOT）も、אהב の項で同様の指摘をしている。

1 族長物語における家族「愛」

創世記の族長たち(アブラハム、イサク、ヤコブ)について、いずれも、彼らの「愛」が記されている。

動詞 אהב の初出は、検索結果から分かるとおり、創世記 22:2 である。そこでは、エロヒーム[5]が、アブラハムの息子イサクを「あなた(アブラハム)の息子、愛する者、独り子」と呼んでいる。

しかし実は、アブラハムにはもう1人、イシュマエルという息子があった。このイシュマエルは、母ハガルと共に、22章のエピソード直前に追放されている(21:9-21)。その際、家庭内政治の主導権を握ったのは、アブラハムの妻サラであった。彼女の動機は、財産の分与を嫌ったためと、21:10 に明確に示されていた。

アブラハムがイシュマエルを愛していたかどうかは、物語に記されないために分からない。しかし、イサクを愛していたかどうかも、エロヒームの発言の中に現れるだけなので、断言できない。サラでさえ、自分の息子イサクやイシュマエルに対してどのような感情を抱いていたかは記されていない。このように、アブラハム物語は登場人物の感情を描かない傾向にあるが、その中にあって、エロヒームがアブラハムはイサクを愛していると認定するのは、読者の注意を惹きつける。

2節の言葉遣いによって、次男として生まれたイサクをアブラ

---

[5] 通常、この登場人物は「神」と呼ばれ、ユダヤ教、キリスト教の信仰の対象である神と同一視されるが、物語という観点からは登場人物の一員に過ぎない。そのことを示すために、原語を音訳した「エロヒーム」を用いる。「主」と訳されるヘブライ語聖書の神の固有名詞「ヤハウェ」も同様の趣旨で、音訳して用いる(水野 2006:22-23 参照)。

ハム家の唯一の相続人として認めさせようという、物語の目論見は明らかである。となれば、アブラハムの「愛」は2人の息子のうち一方にのみ向けられ、エロヒームもまた、その「偏愛」を承認していたことになる（水野 2006:342）。

そのイサクは、妻となるべく父の親族から連れてこられたリベカを「愛した」と書かれている（24:67）。

このエピソードは、アブラハムの命令によって始められた（2-4節）にもかかわらず、イサクとリベカの出会いによって幕を閉じる（62-65節）。リベカを連れて帰還した僕も、イサクに報告して、その任務を終えている（66節）。

その後に記されるのが、イサクの「愛」である。そこには、23章で死亡したと報告されている母サラへの言及が加えられている。

多くの訳では、新共同訳のように「イサクは、リベカを愛して、亡くなった母に代わる慰めを得た」とし、イサクと母サラの親密さが読み取れるような翻訳をしている。この訳では、言外に、イサクとリベカとの感情的な結びつきも示唆されることになる。

しかし、「慰めを得た」と訳されている動詞 נחם のニフアル語幹には、「服喪の期間を終える」という意味もあり（創世記 38:12、エレミヤ書 31:15 参照）、その訳をとれば、母の死にまつわる感情よりも儀礼面が強調されることになる。従って、リベカとの関係も、社会的あるいは家族政治的な側面が注目されることになるだろう。勿論、この両面は「あれかこれか」という選択の問題ではないが、翻訳によって印象が大きく変わってくることは間違いない。

ところが、いずれにしても、リベカが母サラとの「比較」の中

に置かれていることは変わらない。どちらにしても、母から妻への関心の移動があり、結果的には、リベカへの「愛」によって、母サラへの「愛」は減じることになる。

リベカとイサクの2人は、自分たちの間に生まれる双子の息子に対する「愛」を分割する。イサクはエサウを、リベカはヤコブを「愛した」と記されている（創世記 25:27-29）。その理由も一緒に書かれていて、イサクがエサウを「愛した」のは、息子の獲ってくる狩りの獲物が好物だったからであり、リベカがヤコブを愛したのは、おそらく、その容姿の故であろう[6]。

父と母がそれぞれ、お気に入りの息子を「愛する」という家庭状況は、イサクがエサウに財産相続の権利（「祝福」）を、妻やもう1人の息子ヤコブには秘密のうちに譲ろうとし、それをリベカが、ヤコブを使った計略で欺こうとするエピソードで展開される（27:1-40）。

リベカは2人ともが自分の息子であるという認識を持っているようだが（27:45）、イサクに至ってはそのような認識を持っているかどうかすらあやしい。そして2人とも、自分の気に入りの息子の方が有利になるよう取り計らおうとしている。

ヤコブは、母リベカの計略に荷担して父を欺いたために招いた兄の怒りから逃れるためにリベカの助言を受けて（27:43-44）、また、母の親族から妻を迎えるようにと父の祝福を受けて（28:5）、リベカの故郷に出かけ、そこで、2人の従姉妹、レアとラケルと結婚する（29:14b-30）。

---

6 ヤコブを指して תָּם という語が使われているが、これは、身体の完全さを指すと考えられる（KB 参照）。

この結婚の動機は、ヤコブがラケルを「愛した」(18節) ことである。それを利用したラケルの父ラバンがヤコブに、姉のレアも妻として迎えさせ (33節)、最初7年と取り決めた年季をさらに7年延長させたのであった。

　このように、エピソードの最初から、レアはラケルとの「比較」の中に置かれているが、さらに物語は、はっきりと、ヤコブは「レアよりもラケルを愛した」と記すのみならず (30節)、続けて、レアが「嫌われていた」と記す (31節)。

　ある男が2人の妻を持ち、一方を「愛する」と記される物語は、サムエル記上にも記されている。サムエル記の前半において重要な役割を担うサムエルの父エルカナは、その母となるハンナを「愛した」というのである (サムエル記上1:5)。この物語は、「愛している」方の妻に子どもができないという点でも、ヤコブの2人の妻の物語とよく似ている (創世記29:31参照)。そして、どちらの場合も、子ども、より正確には息子のあるなしが、2人の妻の間に諍いを引き起こしている[7]。

　家長であるヤコブが誰かを「愛する」と言われるとき、そこには必ず、家庭内の政治が繰り広げられることになる。ヤコブは13人の子ども (12人の息子と、娘ディナ) のうち、ヨセフを特に「愛した」と言われている (創世記37:2-4)。そのことは勿論、ヨセフが「愛している」妻ラケルの息子、しかも、長い不妊の期間を経

7　ヘブライ語聖書の律法は、2人の妻があり、息子がそれぞれにある場合に、極めて明確な規定を設けている。申命記21:15-17に記されてあるが、この規定に照らし合わせると、アブラハム、イサク、ヤコブの族長すべてが、最初に生まれた息子を長子として扱っておらず、律法違反を犯しているということになる。

て生まれた息子であることと関係しているのだろう (30:22-24 参照)。しかし、ヤコブのとった「愛」の表現は、家庭内に問題を引きこした。

ヤコブはヨセフのために特別の上着[8]を作ってやる (37:3)。これは、ヤコブの偏愛が眼に見える形をとったもので、後にヨセフが兄弟たちの憎しみと暴力の対象となったとき、真っ先にその上着がはぎ取られたのも不思議はない (37:23)。

またヤコブは、ヨセフと同じ母から生まれたベニヤミンを「愛した」とも言われている (44:20)。ベニヤミンに対するヤコブの愛情を表現するのにこの言葉を使っているのは、別の息子ユダであるが、そのように言わせる態度が見えていたのであろう。確かに、ヤコブは、食料をエジプトに買いに行かせるに当たりベニヤミンだけを手許に置いておくし (42:4)、ベニヤミンを連れて行かなければ再びエジプトに入国できないという報告を聞いて、彼の同行を拒否する (42:38)。ベニヤミンを同行させるに当たってはユダによる説得[9]が必要であった (43:8-9)。

ユダによる長い嘆願がきっかけになって、ヨセフは自分の身を明かし (45:3)、ヤコブ一家はエジプトへ寄留することになるのだが (45:9-11, 46:5-7)、元々の発端は、ヨセフに対するヤコブの「愛」にあった。

ここまで見てきたように、族長物語において「愛する」という

---

8 ここで用いられている פס という語はここでしか用いられず、語根の特定もできないため、意味は不明とされている。新共同訳では「裾の長い」、口語訳では「長そで」、岩波訳で月本は「あでやかな」(2004:95 注 12) と訳している。
9 このユダの説得については、水野 1996:101 参照。

動詞が用いられるとき、必ず、2人またはそれ以上の対象の中から「誰かを選んで愛する」の意味に用いられていることが分かる。さらに、その「愛」は、家族の中に政治的な動きをもたらし、他の登場人物間に憎しみや反目、ときには紛争や暴力すら生み出すものであった。同時に、その「愛」が、より正確には「愛」によって引き起こされる憎しみや争いが、物語の推進力となっていた。

2 ダビデをめぐる「愛」

では、「愛する」という表現が集中するもう一つの物語、ダビデ物語においては、「愛」はどのように描かれているのだろうか。

この動詞が用いられる最初の箇所は、サウルがダビデを「愛した」と記される場面である(サムエル記上 16:21)。ヤハウェの霊が離れていったために、サウルは悪霊にさいなまれるようになった(16:14)。そこで、竪琴の奏者を求めさせたが、選ばれたのがダビデであった(19 節)。

ダビデについては、サウルの家臣団からの推薦があったと記されているが(18 節)、そこには求められている竪琴の技能の他に、戦闘の能力や容姿についての情報まで含まれている。そうすると、サウルがダビデを「愛した」のはどの点においてであったかは、明確でなくなる。事実、サウルはダビデに竪琴を弾かせるが(23 節)、ダビデが付いた役目は王の「武器を持つ者」であった(22 節)。

サウルの長男であり、王位継承の最有力候補として考えられていた[10]ヨナタンも、ダビデを「愛した」とされる(サムエル記上

---

10 サムエル記上 14:47。兵士からの信任も得ていた (14:45)。

18:1-3)。

　ヨナタンのダビデに対する愛情は、「ヨナタンの魂がダビデの魂に結びつく」、また、「ヨナタンは彼を自分の魂のように愛した」という表現で表されている。前者の表現は、先に見た創世記 44 章で、ヤコブがどれほどベニヤミンを愛しているかをユダが述べる場面でも用いられていた (30 節)。

　「魂」と訳されているこの名詞 נֶפֶשׁ は、元来「のど」を意味し、そこから「食欲」また「欲望」全般へと意味が広がり、食によって支えられている「いのち」をも指すようになった語である。また、この名詞から派生した動詞では「息」も意味することから、名詞自体に「息」の意味もあると考えられる (KB、TLOT 参照)。

　このような単語ネフェシュを用いて表される「愛」とはどのようなものであろうか。この後、ヨナタンはダビデに自分の着物や武器を与える (サムエル記上 18:4)。さらに、命の危険を冒してまでダビデのことを父サウルにとりなす (19:1-8、20 章、ことに 32-33 節)。それが「魂」であれ、「欲望」であれ、ヨナタンがダビデに感じていた絆は大変強いものであったと言うことができる。その強さ故に、ヨナタンは父サウルとの関係を犠牲にすることさえいとわなかったことが、参照した箇所からは読み取れる。

　ヨナタンがダビデを「愛した」ことは、ダビデ自身によっても確認されている (サムエル記下 1:26)。

　　わたしに対するあなたの愛は素晴らしいものだった、
　　女たちの愛にまさって。

　ダビデとヨナタンの関係は「契約」とも呼ばれているが (サム

エル記上 18:3, 20:16, 23:18)、この語は広く人間関係全般について用いられるものである。2 人の関係では、ヨナタンはダビデが王となることを予見し (23:17)、その際に、自分の「家」に対してダビデが慈しみを示すことを求める (20:14-15)。ダビデはこれに同意した。これが物語の語る「契約」の内容である[11]。

　物語を通して、ダビデに対するヨナタンの「愛」は、父であり王であるサウルに対する「愛」と比較され、サウルよりもダビデを選んだこととして描かれていたし、サウルもまた、そのことを認識していた (20:30-31)。

　サウル家のメンバーのうち、もう 1 人の人物が、ダビデを「愛した」と言われている。ミカルである (サムエル記上 18:20-29)。彼女は、女性が男性を「愛した」と記されている、数少ない例、それもその名前が記されている珍しい例である。

　ラケルに対するヤコブの「愛」がラケルの父ラバンによって利用されたように (前述参照)、ミカルの「愛」も父サウルによって利用される。ダビデをミカルの婿にするという口実を設け、持参金代わりのペリシテ人の性器の皮 100 枚を要求することで、ダビデを亡き者にしようとしたのである (18:25)。

　この難題を解決したダビデはミカルと結婚した (18:27)。ミカルはその後、夫の逃亡を助けるが (19:11-17)、そのためか、逃亡したダビデの代わりにパルティの妻とされてしまう (25:44)。

---

[11] ダビデは、この契約を履行するために、ヨナタンの遺児メフィボシェトを王宮に住まわせるが (サムエル記下 9 章)、それには、メフィボシェトの足に障がいがあり、王位を奪う可能性がなかったという要素も関係しているだろうと思われる。そのことを示すように、アブサロムの反乱をきっかけに、家令の偽りの訴え (16:3) によってメフィボシェトはその忠誠を疑われ、財産を失うことになる (19:25-31)。

サウルとヨナタンの死後、ユダの王となったダビデが最初に求めたのは、ミカルを取り戻すことであった（サムエル記下 3:14）。この間、ダビデには少なくとも 4 人の妻があったと記されているのに（3:2-5）、どうして、ミカルを取り戻す必要があったのか。それは、サウルの娘婿であるという地位によって、王位の正当性を主張したかったからだと思われる[12]。

パルティエル[13]の元からミカルが連れ出される場面（3:15-16）では、パルティエルの様子は記されるが、ミカルの様子や感情は一言も触れられない（Exum, 1993:55）。ダビデとミカルの再会の様子も語られていない。この後、2 人の会話はダビデが神の箱をエルサレムに運び上らせた直後に 1 度記されているだけで（6:20-23）、その記事によると、その会話の後、2 人は会うこともなかったようである。

時の王家の重要人物、王自身、王の長男＝後継者、王の娘にダビデは愛されるが、彼の名は「愛される者」の意であるとされる（雅歌 2:16 参照）。不思議なことに、ダビデを主語にして動詞 אהב は用いられない。彼は常に、その対象となるだけである。そして、ダビデに対するサウルの「愛」はすぐれた軍事的功績を上げるダビデに対する嫉妬に変わり、ヨナタンやミカルは父サウルよりもダビデを「愛する」ことを選んでいのちの危険さえ冒したにもかかわらず、ダビデからは「愛」を受けることができなかった。そ

---

12 Exum は「ダビデの妻」と「サウルの娘」という 2 つの呼称が用いられていることに注目し、物語におけるミカエルの役割について検討している（1993:42-46）。
13 サムエル記上 25:44 に記されている「パルティ」はパルティエルの短縮形と考えられる。

して、サウルの王家は滅亡し、ダビデがサウルの王位を簒奪するのである。

3　愛の「選択」

　このようにして、族長物語とダビデ物語において、「愛」がどのように描かれているかを見てくると、そこから、ヘブライ語聖書が持つ、「愛」の特徴が見えてくる。

　これらの物語において、「愛する」とは、常に「選択」の問題であった。「愛する者」があるということは、「愛されない者」があるということであった。2 人の妻、2 人の息子、自分の父と夫、母と妻、友人と家族など、形態は異なるが、どの場合でも、比較が働き、愛する者とそうでない者との区別が生じていた。

　このような「愛」による「選択」の結果、嫉妬や反目、憎しみや争いといった、「愛」とは通常対極にあると考えられるものが常に「愛」に伴っている、あるいは、「愛」がそれらの感情や、時に紛争や暴力さえ引きこすという現実が描かれていた。「愛する」という行為は、それだけにとどまらず、その行為に対する反応を引き起こすことが認識されているのだろう。

　つまり、ヘブライ語聖書においては、「愛」は抽象的な概念的なものとしてはとらえられておらず、ことに物語においては、極めて現実的な人間関係の事柄として描かれているのである。

Ⅲ 神と隣人を「愛する」

　物語におけるこのような「愛」の描写は、冒頭で示したイエスの言葉に引用されているような、律法の言葉においても当てはまるものなのであろうか。

1 神を「愛する」

　イエスが引用した「神を愛しなさい」という戒めは、申命記 6:4-5 に記されている。
　申命記は、ヤハウェがイスラエルを「愛した」と記している（検索結果参照）。その中でヤハウェは、イスラエルを「選んだ」と発言している（4:37, 7:6-8, 10:15）。つまり、イスラエルを「愛する」こととイスラエルを「選んだ」こととは、不可分な事柄として考えられていると言える。従って、イスラエルが「神を愛する」ことを求められるとき、イスラエルを選んだヤハウェを「選ぶ」ことを求められているということができる。
　そのことは、申命記に律法の精髄として記されている「十戒」（5:6-21）にも表されている。第 1 戒は次のように言う（7 節）。

　　あなたは、わたしの前に、他の神を有してはならない。

　つまり、「他の神」の存在を否定せず、その上で、ヤハウェを神として選ぶことを求めている。これが、神を「愛する」ことなのである。

ヤハウェの「愛」と「選び」を語るこれらの表現は、申命記の中核をなす律法を取り囲む箇所に現れる。つまり、イスラエルに対するヤハウェの「愛」が、律法の根拠として主張されているのである。また、ヤハウェに対する「愛」は、律法（תּוֹרָה「教え」「指示」）に記されている具体的な規定を遵守することによって具体化されると考えられている（特に 10:12-13）。こうして、神への「愛」は、「帰依」や「信頼」といった感情の問題ではなく、律法の遵守という具体的な行動に表現されるとする「律法主義」（あるいは「法定主義」）によって規定されていくことになる。

2 隣人を「愛する」

神への「愛」が律法によって規定されるように、隣人への「愛」も律法によって規定される。

レビ記19章は「神聖法集」[14]と呼ばれる規定集に含まれているが、前後からも独立した構成になっており、その中心にイエスが引用した18節が配置されている[15]。

レビ記19章を見ると、倫理的な要求と宗教的命令が混在していることに気が付く。宗教的な規定（4-8節）に続いて人道的・倫理的な戒め（9-18節）が記され、その後には、農業上の規定（19節）が記されたかと思うと、民事的な問題の取扱（20-22節）、食物の

---

14 この名は、コレクションを通じて繰り返されるまとめの句、「聖なる者となれ」（例えば、19:2, 20:26）から取られたものである。神聖法集は、捕囚後の共同体のあり方について、その理想を描いたものだと一般に考えられている。
15 Milgrom は、様々な注解者の意見をまとめながら、18節の戒めが19章全体の中心にあることを明らかにしようとしている（2000:1597-1599）。

規定（23-26a節）、生活習慣（26b-28節）と、見たところ一貫性に欠ける戒めが書かれた後、社会正義のあり方を命じて（33-36節）、締めくくられる。

　この章においては、共同体が前提とされ、その中での倫理や宗教的規定が、すべて同等の重みをもって命じられていると言えるだろう。その中での「隣人」は、「寄留の他国人」（33節）でもなければ「奴隷」（20節）でもない存在、すなわち、共同体の構成員として、「同胞」（16節）や「兄弟」（17節）と呼ばれている存在として認識されている[16]。

　ここに語られているのは、通常考えられているような「博愛」ないしは「人類愛」ではなく、民族あるいは国家という共同体の中の倫理である。従って、ここには、民族的宗教至上主義が存在し、その成員はこの規定をすべて受け入れ、それに従うことが求められている。共同体の正式構成員ではない「寄留の外国人」や「奴隷」に対する配慮は命じられているが、それも、共同体の維持のために必要なのであって、共同体の外へ向かう「愛」は考えられていない。

16　18節は特殊な言葉遣いをしていて、「隣人を愛する」という単純な訳が可能かどうかについて、議論がある。山我が岩波訳の注で詳しく論じている（2004:395 注1）。

ま と め
「愛」の脱構築

　以上見てきたように、ヘブライ語聖書は、物語において「愛」を極めて現実的、具体的な人間関係の問題としてとらえており、そこから憎しみや反目、紛争や暴力の生み出される原因としてとらえていた。また、そこには必ず、「愛」の対象を「選択する」という要素も含まれていた。

　神に対する「愛」においても、「選択」の論理は働いており、「選ばれた」イスラエルが神を「選び」「愛する」ことが求められていた。その「愛」は、律法によって規定され、細かな規定の遵守によって具体化されると考えられていた。この律法主義は「隣人への愛」においても一貫しており、そこでは共同体の構成員に関する様々な規定を守ることが「愛」であり、共同体の外へ向かう「愛」は想定されていないことが分かった。

　このような分析から、ヘブライ語聖書の語る「愛」は、民族主義に基づく宗教的・倫理的な要求であり、律法の規定を遵守するという方法で実現可能なものと考えられていたことが明らかにされた。そして、ヘブライ語聖書は、現象としての「愛」は知っていたとしても、理想として掲げられるような、現代的な意味での「愛」を知らないと結論づけることが可能である[17]。

17　このことから、冒頭に掲げたイエスの発言も、おそらく、律法の「精神」を要約したのであって、現代的な意味での「愛の実践」を言ったものではないと考えられる。

ところが、ヘブライ語聖書には、そのような「大きな物語」[18]の一部としての「愛」とはまったく異なる愛情を描く書物が含まれている。雅歌である。

この書は、恋愛抒情詩集であり、研究者の中には、祝婚歌集であると言うものもある。その中には、「神」や宗教、民族に関わる言及や記述は一切含まれていない。描かれているのは、若い男女が熱烈に互いを思い、求め合う「愛」だけである。

共同体を第一義に考え、共同体のメンバーとその神を「愛する」ことを求める戒めや倫理は、それを遵守することによって生が可能になると主張し、その論理に与することを求めるが、お互いを求め合う個人によってはまったく省みられることはない（例えば、雅歌8:1）。これが「愛」というもののもつ力であり、この力は共同体や宗教を無力化することができる（LaCocque、1998:27）。それ故にこそ、「大きな物語」は、細かな規定を設けて、「愛の力」を利用しようとするのだろう。

しかし、雅歌という書物において「愛」は、אהב が元来持っていた身体と感情の面を取り戻すように思われる。このような書物がヘブライ語聖書に含まれていることで、「大きな物語」の一部として示される「愛」は「脱構築」される[19]。そして、雅歌の観点から読み直すとき、ヘブライ語聖書の「愛」は、律法の規定とはまったく異なる様相を呈することになるのである。

---

18 この語は、フランスの哲学者リオタールによって用いられたもので、ヘブライ語聖書のような民族と宗教が深く結びついた物語と個人、倫理や社会を考察する際には有効であると思われる。

19 水野 2001:721-722。

検索結果1　動詞 אהב　217回

親が子を	創 22:2、25:28、37:3、4、44:20 箴 13:24
夫が妻を	創 24:67、29:18、30、32 申 21:16 士 14:16、16:4、15 サム上 1:5 王上 11:1、2 コヘ 9:9 エス 2:17
妻が夫を	サム上 18:20、28
男が女を	創 34:3 サム下 13:1、4、15
女が男を	雅 1:3、4、1:7、3:1、2、3、4
人が人を	出 21:5 レビ 19:18、34 申 10:19、15:16、20:17 サム上 16:21、18:1、16、22、20:17 サム下 1:23、19:7 王下 5:15 エス 5:10、14、6:13
人が物を	創 27:4、9、14、コヘ 5:9
人が抽象的なことを	箴 1:22、4:6、8:17、21、36、12:1、17:19、18:21
ヤハウェがイスラエルを	出 20:6 申 4:37、7:13、10:15、18、23:3 王上 10:9
ヤハウェが個人を	サム下 12:24、王上 10:9
イスラエルがヤハウェを	申 5:10、6:5、7:9、10:12、11:1、13、22、13:4、19:9、30:6、16、20 ヨシュ 22:5、23:11 士 5:34
個人がヤハウェを	王上 3:3

検索結果 2　名詞 אַהֲבָה　34 回

夫が妻を	創 29:20
妻が夫を	箴 5:19
男が女を	雅 2:4
人間同士	サム上 18:3、20:17、サム下 1:26 詩 109:4 〜 5 箴 15:17
女性の描写	雅 7:7
ヤハウェがイスラエルを	申 7:8 イザ 63:9 エレ 31:3 ホセ 11:4 ゼファ 3:17
イスラエルがヤハウェを	エレ 2:2
抽象的	エレ 2:33 箴 10:12、17:9、27:5 雅 2:5、7、3:5、3:10、5:8、8:4、8:6、7 コヘ 9:1、6

【参考文献】

旧約聖書翻訳委員会 (2004):『旧約聖書Ⅰ 律法』岩波書店。

水野隆一 (1996):「ヨセフ物語（創世記三六～五〇章）」(木田献一他監修『新共同訳聖書註解 旧約・旧約続編Ⅰ』83-114頁)、日本基督教団出版局。

水野隆一 (2001):「雅歌」(木田献一監修『新共同訳旧約聖書略解』720-729頁)、日本キリスト教団出版局 (2005年第2版)。

水野隆一 (2006):『アブラハム物語を読む ―文芸批評的アプローチ』関西学院大学研究叢書115編、新教出版社。

Exum, J. Cheryl (1993): *Fragmented Women : Feminist (Sub) versions of Biblical Narratives*, JSOT Supplement Series 163. Sheffield : Sheffield Academic Press.

Jenni, Ernst & Claus Westermann, eds. (1997): *Theological Lexicon of the Old Testament*. 3 Vols. (TLOT) Tr. by Mark E. Biddle. Peabody, Massachusetts: Hendrickson Publishers. CD-ROM, Accordance.

Koehler, Ludwig & Walter Baumgartner, eds. (1994-2000): *The Hebrew and Aramaic Lexicon of the Old Testament*. 5 Vols. (KB) Tr. and ed. under the supervision of M. E. J. Richardson. Leiden: E. J. Brill. CD-ROM, Accordance.

LaCocque, André (1998): *Romance, She Wrote: A Hermeneutical Essay on Song of Songs*. Harrisburg, Pennsylvania: Trinity Press International.

Milgrom, Jacob (2000): *Leviticus 17-22. The Anchor Bible*, Vol. 3A. New York: Doubleday.

Wallis, Gerhard, et al. (1974): "אהב" in *Theological Dictionary of the Old Testament*. G. Johannes Botterweck & Helmer Ringgren, eds. Tr. by John T. Willis. Grand Rapids: William B. Eerdmans Publishing Company. (Revised edition, 1977)

第 2 章　隣人愛とイエス、初期キリスト教

辻　　　学

は じ め に
どちらが本当なのか？

　キリスト教で隣人愛が重視されるのは、イエス自身が隣人愛を強調していたことに遡る、と一般に考えられている。

　28（一人の律法学者がイエスに）尋ねた。「あらゆる掟のうちで、どれが第一でしょうか。」29 イエスはお答えになった。「第一の掟は、これである。『イスラエルよ、聞け、わたしたちの神である主は、唯一の主である。30 心を尽くし、精神を尽くし、思いを尽くし、力を尽くして、あなたの神である主を愛しなさい。』31 第二の掟は、これである。『隣人を自分のように愛しなさい。』この二つにまさる掟はほかにない。」（マルコ 12:28-31、新共同訳）

　しかしこのエピソードには、マタイ福音書とルカ福音書に少し内容の異なる版が存在する。

35 律法の専門家が、イエスを試そうとして尋ねた。36「先生、律法の中で、どの掟が最も重要でしょうか。」37 イエスは言われた。「『心を尽くし、精神を尽くし、思いを尽くして、あなたの神である主を愛しなさい。』38 これが最も重要な第一の掟である。39 第二も、これと同じように重要である。『隣人を自分のように愛しなさい。』40 律法全体と預言者は、この二つの掟に基づいている。」（マタイ 22:35-40、同）

　25 すると、ある律法の専門家が立ち上がり、イエスを試そうとして言った。「先生、何をしたら永遠の命を受け継ぐことができるでしょうか。」26 イエスが、「律法には何と書いてあるか。あなたはそれをどう読んでいるか」と言われると、27 彼は答えた。「『心を尽くし、精神を尽くし、力を尽くし、思いを尽くして、あなたの神である主を愛しなさい』とあります。また、『隣人を自分のように愛しなさい』とあります。」28 イエスは言われた。「正しい答えだ。それを実行しなさい。そうすれば命が得られる。」（ルカ 10:25-28、同）

マタイ版は、マルコ版と非常によく似ている。他方、ルカ版は他の二つと肝心な点で異なっており、同じエピソードの異なる版と考えて良いのか迷うほどである。相違は次の点に見られる。

(1) マルコでは「第一の戒め」について問われているが、ルカでは「永遠の命」が問題になっている。
(2) マルコでは、二つの戒めを口にするのはイエスだが、ルカでは、イエスの反問に答える形で律法学者が述べている。

とはいえ、この違いにもかかわらず、マルコ版とルカ版を、本来全く別の出来事に遡ると考えるのも難しいだろう。律法学者とイエスが二つの掟について対話するという状況が、イエスの生涯

で何度もあり、それが別々の話として伝わっていたとは考えにくい。

もしマルコ版とルカ版が、もともと同一の出来事に遡るのだとしたら、いったいどちらが、元来の筋書きを忠実に伝えているのだろうか。もし、それがルカ版であったとしたら、イエスが隣人愛の戒めを重要視していたという、キリスト教倫理にとって非常に重要な根拠が崩れてしまうことになりかねない。それだけに、この問いは重大である。

Ⅰ　イエスと隣人愛

1　「隣人愛」の伝承史

マタイ・マルコ・ルカの3福音書は相互によく似た構成・内容になっており、「共観福音書」と総称される。そして3者の間には次のような依存関係があると、新約聖書研究者の大多数は考えている。

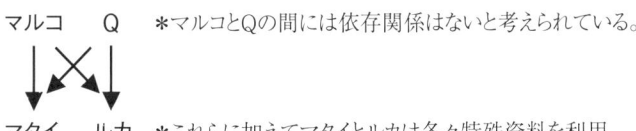

マルコ　Q　　＊マルコとQの間には依存関係はないと考えられている。

マタイ　ルカ　＊これらに加えてマタイとルカは各々特殊資料を利用。

つまり、マルコが最初に書かれた福音書であり、マタイとルカはそれぞれ、マルコの増補改訂版だということになる。マタイとルカは増補改訂に際して、マルコと別にもう一つ、イエスの語録

集を資料として用いた。この資料は、現存しない仮説上の存在で、「Q資料」(あるいは単にQ) とあだ名で呼ばれている[1]。マタイとルカはさらに、それぞれが独自に入手したイエスについての言い伝え (口頭伝承) をも利用した (=特殊資料)。こうして相互によく似た、しかし異なる点も多い三つの福音書が成立したのである[2]。

この図式に従えば、ルカ福音書の著者はマルコ福音書の話を踏まえて、それに手を加えたと考えるのが普通であろう。実際、研究者の多くはそのように考えている。

しかし、この話の場合は、そう単純に考えてしまうわけにはいかない。ルカ版には、単なるマルコ版の改変としては説明のつかない点が見られるからである[3]。

(1) ルカではマルコと違って、「永遠の命」が問題になっていることはすでに述べた。この表象は、初期ユダヤ教文献に頻繁に見られる、極めてユダヤ教的色彩の濃いものである[4]。異邦人であるはずのルカ福音書の著者が、(多数の) 異邦人読者を前提とした福音書[5]にそのような表象を、わざわざマルコ版を書き換えてまで持ち込んだとは考えにくい。

---

1 Qはドイツ語で「資料」を意味するQuelleの頭文字。
2 詳しくは原口 (2004) 18-23頁など新約聖書概論の書物を参照。
3 以下の叙述について詳しくは、辻 (1997) 27-48頁を参照されたい。
4 「永遠の命」とは、終末時における復活の後、新しい世において得られる命。ダニエル12:2、IVマカベア15:3、エチオピア語エノク37:4; 40:9; 58:3;ソロモン詩篇3:12; 14:10; クムラン『共同体の規則』4:7;『ダマスコ文書』3:20など。
5 ルカ福音書／使徒言行録の著者は異邦人キリスト教徒であり、想定されている読者も、大部分は異邦人キリスト教徒と考えられる。三好 (1996) 17-20頁、Schnelle (2002) p. 287-288参照。

(2)「ユダヤ教的色彩」が疑われるのはむしろマルコ版の方である。(他の戒めを凌駕する特別な)「第一の戒め」を問うことは、ユダヤ教の枠内では考えにくいからである[6]。(ルカ版では、二つの戒めは重要視されてはいるが、他の戒めとの関係は問題になっていない。)

(3) ルカ版では、イエスの反問に律法学者が答えているが、初期キリスト教で重要視された隣人愛の戒めを、イエスの口から律法学者の口へと移してしまう改変はまず考えられない。また、「イエスの反問→相手の答→それに対するイエスの言辞」というルカ版の形式は、イエスが論争の際によくとる手段であり、こちらの方がイエスの史実に近いと考えられる(マルコ 11:27-33; 12:13-17 参照)。

(4) ルカとマタイには、マルコと相違する「共通点」(いわゆる「小一致」)があり、マルコをそれぞれが単純に引き写したということでは説明ができない。

相違点: (a)「律法学者」と訳されている語は、マルコでは grammateus だが、マタイとルカでは nomikos。(b)「彼(イエス)を試そうとして」、「先生」(マタイ 22:36、ルカ 10:25)がマルコにはない。(c) 申命記 6:4 の引用(「イスラエルよ、聞け、私たちの神である主は、唯一の主

---

6 「マルコ 12:31b のような、二つの第一の戒めが他の全ての(トーラーの)戒めに対してはっきりとした質的差異を持つとする発言は、(トーラー全体を)有機的に捉えるラビの律法理解では考えられないものである(Mell [1994] p. 329-330 n. 137)。Nissen (1974) p. 241 および小河 (1984) 232-233 頁も同趣旨。マタイ 22:36 が「大きな戒め」(新共同訳の「重要な」は意訳)と言い換えたのは、マルコ版における律法学者の問いかけを不自然に感じたマタイ福音書の著者が、これをよりラビ的な言葉づかいに改変したためである(Billerbeck [1928] I 901-902 参照)。

である」）はマルコ 12:29 にしかない。(d) 律法学者がイエスに同意する部分（マルコ 12:32-33）もマタイとルカには欠けている。

以上の点から見て、おそらくこのエピソードには、マルコ版とは別の版が存在したのであり（おそらく前述の Q 資料に含まれていた）、そちらの方が元来の出来事をより忠実に伝えているのだと思われる。ルカはその「別版」を用いており、マタイ版は、マルコ版とルカ版（＝別版）を組み合わせて一つにしているようである。とすれば、イエス自身が隣人愛を「第二の戒め」として説いたのではないことになる。ルカの伝える版によれば、隣人愛を口にした律法学者に対してイエスはいささか素っ気ない感じで、「それを実行しなさい」と（皮肉を込めて？）返答したに過ぎない。

2　イエス自身の姿勢＝隣人愛ではなく愛敵

イエス自身が隣人愛を重要視していたことの典拠とされるマルコ 12:28-34 はどうやら、イエス自身の姿勢を伝えているというよりも、後のキリスト教の姿勢がイエスに逆投影された物語のようである。

それでは、イエス自身は隣人愛をどう捉えていたのだろうか。

イエスにとって重要だったのは、隣人愛の強調ではなく、むしろ隣人愛のもつ問題性を指摘することであった。そのことは、イエスが「隣人愛」に言及している福音書の箇所から見て取れる。

(1) マタイ 5:43-44

> ⁴³あなたがたも聞いているとおり、『隣人を愛し、敵を憎め』と命じられている。⁴⁴しかし、わたしは言っておく。敵を愛し、自分を迫害する者のために祈りなさい。(新共同訳)

山上の説教に収められた一連の「反対命題」(アンチテーゼ) 集 (5:21-48)[7]の中でイエスは、隣人愛に対置する形で愛敵を命じている。

アンチテーゼの形式自体はおそらく、他のアンチテーゼと並べるために (マタイ福音書の著者によって?) 整えられたものであろう。しかし、その意図するところは確実にイエスに遡る。すなわち、愛敵の戒めは、隣人愛の戒めとの対比で与えられているのである[8]。

よく知られていることだが、イエスと同時代のユダヤ教において、「隣人」とはユダヤ人同胞のことと解釈されていた[9]。「敵を愛しなさい」というイエスの言葉は、「隣人愛」の対象を同胞に限ってしまうその姿勢を強烈に揺さぶるものだったのである。

---

7 旧約 (ユダヤ教) の戒めに対してイエスが自らの言葉を対置する形式で提示される教え。
8 「敵を憎め」という教えは旧約聖書には見出されない。おそらく、「隣人」概念の限定が意味するところを暴くための (イエスに遡る) 修辞的敷衍であろう。「意味されていることはこうである。古えの人々には、隣人愛の戒律が一つの、つまり、敵をまさに除外する解釈で語られていた」(ルツ [1990] 442 頁)。
9 Fichter/Greeven (1959) p. 312-316; Noort/Neudecker (1994) p. 713-719 などを参照。

(2) ルカ 10:30-37

いわゆる「良きサマリア人」の例話は、上で取り上げた、イエスと律法学者との対話 (ルカ 10:25-28) と一体をなしている。これは、しばしば主張されているのとは異なり、最初から一つの伝承だったと考えるほうが正しい[10]。

25-37 節を通して読むと、「隣人」の持つ意味合いにズレが生じていることがわかる。すなわち、28-29 節では、(愛するという) 行為の「対象」として「隣人」が語られているのに対して、30-35 節の例話の結びにイエスが投げかけた問いにおいては (36 節)、行為の「主体」としての「隣人」が問題になっている (「だれが……隣人になったと思うか」)[11]。

このズレは、(元来別々の伝承をつなぎ合わせた結果生じたのではなく、) 物語が本来持っている戦略として理解されるべきものである。どのような人間が「隣人」として愛する対象になるのかと問う律法学者 (29 節) に対してイエスは、「隣人」の対象を定義するという前提自体を拒み、「隣人」の概念を、自分が積極的に「なっていく」もの、すなわち相手を問わず、自らの行動によって作り出されていく関係として示したのである。

したがって、律法学者の持っていた前提を突き崩す役割を持つ 36 節の問いかけは、29 節の律法学者の問いがなければ意味をなさない。かたや律法学者による 29 節の問いは、25-28 節を前提としてのみ理解可能なのだから、25-37 節は最初から一体の物語として機能しているのである。例話の主眼は、互いに自明の「隣

---

10 詳細は、辻 (1997) 39-40 頁を参照されたい。
11 Crossan (1971/72) p. 288-289、ハルニッシュ (1993) 352-353 頁などがこのズレを指摘している。

人」ではないサマリア人とユダヤ人（傷ついた旅人）が、敢えて隣人に「なる」ところにある[12]。

ここでもイエスの意図は、隣人愛の強調ではなく、隣人愛という概念が当時のユダヤ教において持っていた、（対象を同胞にのみ見てしまう）限定性ないし排他性を露わにすることにある。そのような「愛」のあり方をイエスは冷ややかに見ていたようである。「自分を愛してくれる人を愛したところで、あなたがたにどんな報いがあろうか」（マタイ5:46）というイエスの言葉は、（「徴税人でも同じことをしている」と付け加えたかどうかはともかく）そのような隣人愛の捉え方に対する批判となっている。

II 初期キリスト教と隣人愛の戒め

1 背景としての初期ユダヤ教

隣人愛を重要視するという姿勢がイエス自身に遡らないとしたら、それではなぜ、隣人愛が初期キリスト教の中で強調されるようになったのだろうか。

隣人愛を強調する姿勢を初期キリスト教徒たちは、同時代のユダヤ教から受け継いだと考えられる。

---

12 「サマリア人」とは、ユダヤ人共同体（＝ユダヤ教）同様、古代イスラエル民族に遡る宗教共同体で、北部10部族に由来する。ゲリジム山こそが神礼拝のための真の聖地であり、真の祭司職はサマリア人共同体の中に継承されているという主張、またモーセだけが唯一の預言者であるとの主張によって、エルサレムを中心とするユダヤ人共同体と激しく対立してきた。

マルコ 12:28 以下（上述）に見られるような、申命記 6:5（神への愛）とレビ記 19:18（隣人愛）を組み合わせて引用するという形式は、同時代のユダヤ教の文献には見当たらない[13]。とはいえ、神への愛と隣人愛を並べる考え方自体は存在する。

初期ユダヤ教が、神への愛と隣人愛とを結びつけて強調するようになった背景には、古代ギリシア世界の伝統的な人間観があった。人間のあらゆる責務は、神に対する責務としての「信心深さ」（hosiotēs）ないし「畏敬」（eusebeia）と、他の人間に対する責務としての「正義」（dikaiosynē）にまとめられるという考え方が、古代ギリシア世界の文献には見られる。

「われわれが神々を敬い（eusebein）正義を（dikaiosynēn）修め……」（イソクラテス『弁論集』3.2）
「規則づけられているものの内の何かを変えることは、人間に対する正義（dikaia）と神々に対する信心（hosia）を犯すことなくしては不可能である。」（ポリュビオス『歴史』22.10.8）

初期ユダヤ教はこの考え方を取り入れ、自分たちの宗教の要点を、神に対する「敬虔さ」と人に対する「正義」で要約した。

紀元 1 世紀のユダヤ人歴史家ヨセフス（37/38-100 頃）は、律法の要約として「敬虔」（to eusebes）および「正義」（to dikaion）というカテゴリーを導入している。

（メナヘム［あるエッセネ派の人物］のヘロデ[14]に対する予言：）「あ

---

13 Schürmann (1994) p. 134-135; Wischmeyer (1986) p. 173-180 参照。
14 ヘロデ大王（前 73 頃-前 4）。前 37-前 4 年、パレスチナでユダヤ民族を支配した。

なたは、何びとももっていない幸運によって〔神により〕選びださ
れて、永遠の栄光を享受なさるでしょうが、・敬・虔と・正・義は忘れてし
まわれるでしょう。そして、神がそのことを見逃されるはずはなく、
あなたがその生涯を終えられるとき、神が、それを覚えておられ
ることをその怒りでお示しになるでしょう」。(『古代史』15. 376 ［秦
(1986) 訳］、傍点辻。さらに 6. 265; 8. 121 なども参照)。

ディアスポラ・ユダヤ教から生み出された文書にもその事情は
反映している。旧約のギリシア語訳である七十人訳聖書では、「神
への畏敬」(theosebeia) と「正義」(dikaiosynē)(およびその類義
語)をヘブライ語(マソラ)本文から離れてでも導入している箇所
が見られる。

　例えば出エジプト 18:21 では、「神を・畏・れる有能な、信頼すべき人た
ち」が「神を・畏・れる有能な、・義・しい(dikaios) 人たち」に改変されている。
また、箴言 17:23 のヘブライ語テキストは「・邪・な者は懐から賄賂を取り、
・裁・きの道を曲げる」となっているが、これを七十人訳は、「懐の中の贈
物を・不・正・に(adikōs) 受け取る者の道は成功せず、・不・敬・虔な者(asebēs)
は・正・義(dikaiosynē) の道を曲げる」としている。さらにバルク 5:4 な
ど参照。

紀元 2 ないし 1 世紀にエジプトのアレクサンドリアで書かれた
「アリステアスの手紙」[15] には、トーラー (律法) の内容をはっき
りと「敬虔」と「正義」に集約しようとする傾向が見て取れる[16]。

15　プトレマイオス 2 世フィラデルフォス (在位前 284-247) の図書館のた
　めにモーセ五書がギリシア語訳される次第について報告する物語 (史実性
　は乏しい)。
16　以下の訳文は、左近 (1985) による。傍点辻。

「それゆえ、われらの律法賦与者［モーセ］はまず敬虔と義について命じられ、それを逐一、禁令のみならず命令によって解説し、その害と罪悪とに対して神によって示される罰を明らかにしたのである」（131）、「それゆえ、食物や、潔からざるもの、はうもの、野獣について言われていることはすべて、義と人間相互間の正しい行為に関係するものなのである」（169）。

人間に対する関係を「愛」によって言い表している例は、アレクサンドリアのユダヤ人哲学者フィロン（前25/20頃–後45/50頃）に見られる。

「一つ一つ言い尽くせないほど多くある〔律法の〕命令・法規のうち、最も上に立つ頭は二つある。神に対する畏敬（eusebeia）と信心深さ（hosiotēs）、そして人々に対する愛（philanthrōpia）と正義（dikaiosynē）である」（『律法詳論』2.63）。
「敬虔に極めて類似した、その姉妹また双子である人間愛（philanthrōpia）」（『徳論』51）。

トーラーの精神を、神への畏敬と隣人への愛で要約する捉え方は、『十二族長の遺訓』（前1／後1世紀）にも見られる。この、元来ヘブライ語で書かれたユダヤ教文書はさらにその両者を、神への愛と隣人愛という形で提示している（ただし、申命記6:5とレビ記19:18を直接引用した箇所はない）。

イッサカル遺訓 5:2「主と隣人を愛し、貧しい者や弱い者に同情せよ」。
ヨセフ遺訓 11:1「お前たちも自らのあらゆる行為において目の前に神への畏れをもち、お前たちの兄弟を尊ぶように[17]」。

---

17 「お前たちの兄弟を尊ぶように」を省略している写本があり、『聖書外典偽典』5、教文館、1983年（笈川・土岐訳）はそちらに従っている。

> 隣人愛の強調＝ガド遺訓 6:1「隣人同士愛しあい、心から憎しみを
> 退けよ」。

　このように、初期ユダヤ教においては、トーラーの精神を神への畏敬と他者への正義で要約する考え方や、さらにその「正義」を「愛」という概念で置き換える傾向が見られた。最後に挙げた『十二族長の遺訓』は、紀元前後のユダヤ教においてすでに、神への愛と隣人への愛という形でこの道徳が提示されていたことを示している。

　初期キリスト教が隣人愛を強調するようになった背景には、このような初期ユダヤ教のトーラー理解があったと考えられよう。

2　初期キリスト教と隣人愛

(1) パウロと隣人愛

　初期ユダヤ教から、神への愛と隣人への愛に集約されるトーラー理解を継承した初期キリスト教は、さらにもう一歩踏み込んだ認識を示すに至った。すなわち、隣人愛によってトーラー全体を代表させるという考え方である。この考え方は、パウロ書簡に初めて現れる。

> 13 兄弟たち、あなたがたは、自由を得るために召し出されたのです。ただ、この自由を、肉に罪を犯させる機会とせずに、愛によって互いに仕えなさい。14 律法全体は、「隣人を自分のように愛しなさい」という一つの言葉［logos］によって全うされてしまっている［peplērōtai］からです。15 だが、互いにかみ合い、共食いしているのなら、互いに滅ぼされないように注意しなさい。（ガラテヤ 5:13-15、傍点辻。新共同訳を一部改変）

「律法全体」(ho pas nomos) とは、トーラーの戒律全て（量的な全体）という意味ではなく、質的な全体性を表している[18]。

その「律法全体」は、隣人愛を命ずる一つの「言葉」(logos) によって「成就」されてしまっている (peplērōtai)。「成就される」とは、(個々の戒律が)「実行される」のとは違う。隣人愛を命じる一つの言葉によって、トーラー全体の表す本質が満たされてしまっている(現在完了形)というのである[19]。ここでは、隣人愛の戒めは最早トーラーの中に含まれる一つの戒律ではなく、トーラー全体と向き合って立ち、今やトーラーに取って代る位置を占めている教えなのである[20]。

ここには、パウロ以前のユダヤ教には見出されない考え方が示されている。すなわち、(a) 律法全体に取って代る一つの中心的教えがあるということ、そして (b) その中心とは隣人愛だということである。

同じ考え方は、ローマ書にも見られる。

> 8 互いに愛し合うことのほかは、だれに対しても借りがあってはなりません。人を愛する者は、律法を成就している (peplērōken) のです。9「姦淫するな、殺すな、盗むな、むさぼるな」、そのほかどんな掟があっても、「隣人を自分のように愛しなさい」という言葉に要約されます。10 愛は隣人に悪を行いません。だから、愛は律法の成就 (plērōma) なのです。(ローマ 13:8-10。新共同訳を一部改変)

---

18 それに対して、ヤコブ 2：10 の holos ho nomos は、全ての条項を意味している。佐竹 (1974) 499 頁、Mußner (2002) p. 370 などを参照。
19 「成就する」をパウロがこの意味で使っている他の例として、ローマ 8：4 および 13:8（後述）が挙げられる。Betz (1989) p. 275 参照。
20 Wischmeyer (1986) p. 187.

パウロによるこれらの発言は、トーラーはその全ての条項が（程度の差はつけられても）基本的に重要であるという、ユダヤ教の基本的姿勢を止揚するものである。「愛」が、総体としてのトーラーに取って代わる位置を占めているという理解は、ユダヤ教の枠を超えている[21]。この、トーラー全体に並ぶ位置を隣人愛の戒めに与える理解は、ユダヤ教と異なるキリスト教の特色を示すもので、おそらくパウロに端を発している。

このように隣人愛を重視する考え方が生まれた大きな要因は、隣人愛の戒めと愛敵の教えとの結びつきであったと考えられる。

ローマ書12-15章の倫理的勧告を貫く基本的主題は隣人愛である（12:9-10; 13:8-10; 14:15; 15:2 など参照）。パウロはその際、隣人愛の対象を「兄弟」だけではなく（12:9; 14:9, 15）、「敵」にまで拡大している――「あなたがたを迫害する者のために祝福を祈りなさい。祝福を祈るのであって、呪ってはなりません」(12:14)。復讐の禁止や(12:17-21)、為政者への従順(13:1-7)に関する叙述も、

---

21 ラビ・ヒレル（前60頃-後20頃）は、トーラーの根本精神を、「あなたがしてもらいたくないことを他人にするな」と言い表した（バビロニア・タルムード「シャバット」31a）。しかしこれは、トーラー全体を代表する一つの掟を提示したものではない（Wischmeyer [1986] p. 181）。ラビ・アキバ（†135頃）の「あなたの隣人をあなた自身のように愛しなさい：これがトーラーにおける大いなる根本命題である」（シフラ・レビ記19:18）も、トーラーの他の諸規定に取って代る位置を隣人愛の戒めに与えているわけではなく、他の諸規定も依然として有効なのである。そもそも、トーラーを要約するということ自体がラビ的律法理解に合わない（Burchard [1979] p. 52-53 参照）。Wischmeyer (1986) p. 187：「彼〔パウロ〕は、トーラーの諸規定の一つを切り離して、それがトーラーの唯一の内容だと宣言している。こうして彼は、多数のそこに含まれる戒めとその意味内容によって生きているトーラーを実質的に廃棄しているのである。生を包括的かつ細部にわたって形作るトーラーの代りに登場したのが愛である」。

その適用例として理解することができる。

　上に引用したローマ12:14には、イエスの言葉が響いている——「しかし、わたしは言っておく。敵を愛し、自分を迫害する者のために祈りなさい」(マタイ5:44)、「しかし、わたしの言葉を聞いているあなたがたに言っておく。敵を愛し、あなたがたを憎む者に親切にしなさい。悪口を言う者に祝福を祈り、あなたがたを侮辱する者のために祈りなさい」(ルカ6:28)。これらの言葉は、愛敵を命じるイエスの言葉に付随する部分であり、パウロはここでおそらく、イエスの愛敵の教えを念頭に置いていると見られる。そしてパウロは、イエスが語った愛敵の教えを、隣人愛の徹底として受け止めたのである。パウロにとっては、愛敵によって徹底化された隣人愛の戒めこそが、トーラー全体に取って代るほどの位置を占める、信仰者の行動規範になった。なぜならそれは、イエス自身が命じた戒めだったからである。

　具体的にどのような伝承をパウロが知っていたのかについては、判断が難しい。愛敵を命じるイエスの言葉伝承(マタイ5:44／ルカ6:27-28。上掲)が、マタイ版とルカ版でかなり異なった言葉づかいになっているからである。

　「祝福を祈る」(eulogeō)、「呪う／悪口を言う」(kataraomai)という語が一致していることから見て、ローマ12:14はルカ版により近い形の伝承を反映していると思われる(eulogeōは2度繰り返されている。またIコリント4:12でもeulogeōが使われている)。他方、「迫害する」(diōkō)という動詞が使われている点では、ローマ12:14(およびIコリント4:12)はマタイ5:44と一致する。

　Q資料(前述31〜32頁参照)に由来するこの言葉伝承は、どのような形で伝えられたにせよ、当初から愛敵の戒め自体と結びついていたに

違いない[22]。だからこそパウロは、「愛」を語る文脈においてこの伝承を引き合いに出したのである。

(2) 隣人愛が向かう二つの方向

　隣人愛の戒めを、愛敵の教えによって「徹底化」するに至った初期キリスト教にとって、「隣人」の範囲は無限に拡充する可能性を持つようになった。ユダヤ教のように、「隣人＝同胞」という枠に留まる必要は最早なかったのである。キリスト教徒にとって隣人愛は今や、信仰生活のすべてを規定する重要な根本倫理として受け止められるようになった。

　とはいえ、隣人愛の戒めはまず一方で、キリスト教会の内部における信者同士（＝兄弟姉妹）の結びつきを強める役割を果たした。ヤコブ 2:8; 4:11[23] のほか、ヨハネ文書が兄弟同士の愛を強調するのも、この関連で理解できる――「なぜなら、互いに愛し合うこと、これがあなたがたの初めから聞いている教えだからです」（Ⅰヨハネ 3:11）。「神を愛する人は、兄弟をも愛すべきです。これが、神から受けた掟です」（同 4:21）。もっともここでは、「隣人」＝「兄弟」であり、ユダヤ教において「隣人」が「同胞」と等しく考えられていたこととほとんど変わらない。

　信者同士の相互扶助は、愛の実践として奨励され、積極的に行

22　伝承の詳しい分析については、例えば Sauer（1985）p. 5-14 を参照。ただし、パウロが愛敵の戒めを知らなかったという Sauer の判断（p. 26-27）には賛成できない。
23　しかしヤコブ書においては、隣人愛の戒めがトーラーの一部分と理解されており、この点がパウロとは異なる。詳しくは、辻（2002）118, 149-152 頁を参照されたい。ただし、ヤコブ 2:8 とイエスの言葉伝承との結びつきを否定している点は（118 頁）再考を要する。

われた。パウロはローマ書の中で、兄弟愛の実践としてこう勧めている——「聖なる者たちの貧しさを自分のものとして彼らを助け、旅人をもてなすよう努めなさい」(12:13)[24]。同様の戒めはヘブライ書にも見られる——「兄弟としていつも愛し合いなさい。旅人をもてなすことを忘れてはいけません……。自分も一緒に捕われているつもりで、牢に捕われている人たちを思いやり、また、自分も体を持って生きているのですから、虐待されている人たちのことを思いやりなさい」(ヘブライ 13:1-3)。

マタイ 25:31-40 で、最後の審判がなされる際の判断材料とされている行動は、「飢えている者に食べさせ、渇いている者に飲ませ、旅人に宿を貸し、裸の者に着せ、病者を見舞い、牢獄にいる者を訪ねる」(35-36, 42-43 節)ことだが、これらは、上述したローマ書やヘブライ書の勧告からもわかるように、信者の相互扶助を描いたものである[25]。後のユダヤ教ラビ文献において「愛の業」と称された[26] これらの行為は、初期キリスト教会でも愛の

---

24 「ここで考えられているのはとりわけやもめ、孤児、囚人、苦境の中にある者たちへの援助であるように思われる。13 節 b がそのことに無理なく合致する。古代の宿屋は、ことにこの帝国首都〔ローマ〕や港町においてはまったく疑わしい宿泊場であったので、他所からやって来るキリスト者のための《旅人の接待》philoxenia が緊急のものとして要求されたのである」(ケーゼマン［1981］643 頁)。

25 「最も小さい者の一人」が誰を意味するのかという議論については、ルツ (2004) 616-625、632-636 頁を参照。ルツは、キリスト教伝道者（放浪のラディカリスト）に対する振舞いを意味しているとするが (634 頁)、そのような「ラディカリスト」が実際に存在したかどうかという問題は別にしても、対象を「伝道者」に限定する必要はなく、キリスト教徒同士の相互扶助（旅をする者や、[信仰のゆえに？] 投獄される者もいたであろう）を念頭に置いていると解すれば良いと思う。

26 Billerbeck (1928) IV 559-560 によれば、病人を見舞うことやよそ者を

実践として奨励された。

他方、愛敵を隣人愛の倫理の徹底として捉える理解は、初期キリスト教が、周囲の人々から敵意や抑圧を受ける中で、信仰者自身を支えるのに役立ったと共に、キリスト教信仰の卓越性を証しする弁証的意味をも持つことになった。

「皆心を一つに、同情し合い、兄弟を愛し、憐れみ深く、謙虚になりなさい。悪をもって悪に、侮辱をもって侮辱に報いてはなりません。かえって祝福を祈りなさい」（Ⅰペトロ 3:8-9）という言葉には、上述したローマ 12:14 同様、イエスの言葉が響いている（ルカ 6:28 参照）。

イエスの愛敵の教えが初期キリスト教の倫理に与えた影響は、いわゆる使徒教父文書[27]の中にも見られる——「さて、生命の道は次の通りである。すなわち、第一に、あなたを創った神を愛しなさい。第二に、あなたの隣人をあなた自身のように愛しなさい……。これらの言葉の（示している）教えは次の通りである。すなわち、あなたがたを呪う人たちを祝福し、あなたがたの敵のために祈り、あなたがたを迫害する人たちのために断食しなさい……」（12 使徒の教訓 1:2-3）。ここでは明瞭に、敵のために祈るということが、隣人愛の延長線上で理解されている。

同様の勧告は、スミルナの監督ポリュカルポス（70 頃-155 頃）もなしている——「あなた達はすべての聖者達のために祈りなさ

　宿泊させること、貧しい新郎新婦に婚礼の支度をしてやること、結婚式や葬儀に参列すること、喪に服している者を慰めることなどがこれに含まれる。

27　新約文書より少し後、教父文書よりは前の時代に著された初期キリスト教文書で、新約正典に次ぐ重要性を持つと見なされたもの。使徒教父文書からの引用文は全て、荒井（1974）による。

い。また、王達、支配権力者、諸侯のために祈りなさい。けれどもまた、あなた達を迫害し憎む者のために、十字架（＝キリスト教）の敵のためにも祈りなさい」(ポリュカルポス書簡12:3)。

　これらの箇所で具体的に命じられているのは、敵のために「祈る」ことである[28]。周囲の人々による疑惑や敵意にさらされていた初期キリスト教徒たちの現実[29]においては、「敵を愛せよ」という勧めは、そのような形で実践可能なものとして受け止められたのであろう。「ディオグネートスへの手紙」（2世紀中頃?）[30]のように、愛敵ということをはっきり述べている文書もあるが（6:6「キリスト者も（自分たちを）憎むものを愛する」。5:11, 15 も参照。ただしこれは勧告ではなく、ある種の理想を語っているとも取れる）、Ⅱクレメンス書簡（2世紀中頃）の述べていることは、戒めと現実の間でキリスト教徒が抱えていた葛藤を反映しているように思われる。

　「彼ら〔異邦人〕は、私たちから、『神の言われるに、もし君たちを愛する者たちを愛したとて何の恵みがあろうか。そうではなくて、もし君たちが敵を愛し、君たちを憎む者を愛するならば、君たちは恵みを受けることだろう』というようなこと（ルカ6・32、35）を聞いた時、彼らはそのずばぬけた善に驚嘆します。しかし、私たちが憎む者たちを愛さないばかりか、愛してくれる者たちさえ愛さないのを見たとき、彼らは私たちを嘲り笑い、そのために御名が汚されることになるのです」（Ⅱクレメンス13:4）。

28　同じことはローマ12:14 にも当てはまる。
29　初期キリスト教徒が置かれていた状況、周囲の民衆から受けた迫害等については例えば、松本（2006）69-86頁他を参照。
30　成立年代については諸説あり、2世紀末～3世紀を想定する学者もいる。川村（1994）6頁は、120 ～ 130年頃が無難な想定だと言う。なお、古代教会における愛敵の教えの影響については、Bauer（1917/67）をも参照。

このように、初期キリスト教徒たちは、隣人愛の戒めによって、信仰者同士の結びつきを強め、相互扶助の精神を発展させた一方、敵を愛せよとのイエスの教えを実践すべく、キリスト教に敵意を向ける人々のためにも祈る努力を自らに強いた。それは同時に、キリスト教信仰が持つ卓越性を弁証することにもつながったはずである。

しかしながら、イエスが愛敵を語った時に持っていたはずの、隣人概念を限定することの問題性に対する批判という視点は、初期キリスト教においては最早顧みられてはいないように思われる。

ま と め

(1) イエス自身は、隣人愛の戒めを強調したのではなく、むしろ、愛する対象を「隣人」に限ってしまう（当時のユダヤ教において「隣人」は「同胞」とほぼ同義に用いられていた）ことの問題性を露にしようとした。愛敵の教えや、「良きサマリア人」の例話は、その観点から語られている。イエスは、「隣人」の枠を壊そうとしたのである。
(2) 初期キリスト教徒たちが、それにもかかわらず隣人愛を重視した背景には、当時のユダヤ教がトーラーの精神を、神への畏敬と他者への正義・愛という２点にまとめて論じていたという事情がある。キリスト教はこの枠づけを継承した。
(3) パウロはさらに一歩進んで、隣人愛の戒めに、トーラーに取って代わる高い位置を与えた。トーラー全体は、隣人愛に要約

されるというのである。このような理解が可能になったのはおそらく、イエスの愛敵の教えをパウロが、隣人愛の徹底として受け止めたからであろう。愛敵によって徹底化された隣人愛をパウロは、キリスト教徒の根本的な行動規範として提示しようとしている。

(4) 初期キリスト教徒たちは、隣人愛の戒めを、教会内部の人間関係の強化（兄弟愛）という形で積極的に継承し、相互扶助という形で具体化した。

(5) 隣人愛への批判としての愛敵というイエスの視点は初期キリスト教では継承されなかったようである。愛敵はイエスの教えとして、また隣人愛を徹底する実践的教えとして受け止められた。周囲の人々から敵意や抑圧を受ける状況下にあった信者たちは愛敵の教えを、敵のために祈るという行為によって具体化しようとした。そのようにしてキリスト教徒たちは、自分たちの信仰が持つ倫理の卓越性を弁証しようとしたのである。

【参考文献】

荒井献 (1974):荒井献編『使徒教父文書』講談社。
原口尚彰 (2004):『新約聖書概説』教文館。
ハルニッシュ、W. (1993):『イエスのたとえ物語―隠喩的たとえ解釈の試み』日本基督教団出版局。
秦剛平 (1986): ヨセフス『ユダヤ古代誌』XIV-XV、秦剛平訳、山本書店（再版）。
ケーゼマン、E. (1981):『ローマ人への手紙』日本基督教団出版局 （第

2版)。

川村輝典 (1994):『ディオグネートスへの手紙の研究』近代文藝社。

ルツ、U. (1990):『マタイによる福音書 (1-7章)』(EKK I/1) 教文館。

ルツ、U. (2004):『マタイによる福音書 (18-25章)』(EKK I/3) 教文館。

松本宣郎 (2006):『キリスト教徒が生きたローマ帝国』日本キリスト教団出版局。

三好迪 (1996):『ルカによる福音書』(福音書のイエス・キリスト3) 日本基督教団出版局。

小河陽 (1984):『マタイ福音書神学の研究』教文館。

左近淑 (1985):「アリステアスの手紙」、『聖書外典偽典』3、教文館(第4版)、15-85頁 (解説と翻訳)。

佐竹明 (1974):『ガラテア人への手紙』(現代新約注解全書) 新教出版社。

辻　学 (1997):「ルカ一〇・二五—二八の伝承史——諸説の批判的再検討——」、『関西学院大学キリスト教学研究』創刊号、27-48頁。

辻　学 (2002):『ヤコブの手紙』(現代新約注解全書) 新教出版社。

Bauer, W. (1917/67): Das Gebot der Feindesliebe und die alten Christen, *ZThK* 27 (1917) 37-54; Nachdruck in: ders., *Aufsätze und kleine Schriften*, hg. von G. Strecker, Tübingen: Mohr, 1967, 235-252.

Betz, H. D. (1979): *Galatians* (Hermeneia), Philadelphia: Fortress.

Billerbeck (1928): P. Billerbeck/ H. Strack, *Kommentar zum Neuen Testament aus Talmud und Midrasch*, Bde. I-IV.2, München: C. H. Beck.

Burchard, Chr. (1970): Das doppelte Liebesgebot in den frühen christlichen Überlieferung, in: E. Lohse u.a. (Hg.), *Der Ruf Jesu und die Antwort der Gemeinde* (FS J. Jeremias), Göttingen: V&R, 39-62.

Crossan, J. D. (1971/72): Parable and Example in the Teaching of Jesus, *NTS* 18, 285-307.

Fichter, J./H. Greeven (1959): Art. plēsion, *ThWNT* VI (1959) 309-316.

Mell, U. (1994): *Die »anderen« Winzer. Eine exegetische Studie zur Vollmacht Jesu Christi nach Markus 11,27-12,34* (WUNT 77),

Tübingen: Mohr.

Mußner, F. (2002): *Der Galaterbrief* (HThK Sonderausgabe), Freiburg–Basel–Wien: Herder.

Nissen, A. (1974): *Gott und der Nächste im antiken Judentum* (WUNT 15), Tübingen: Mohr.

Noort, E./R. Neudecker (1994): Art. Nächster I/II, *TRE* 23, 713–719.

Sauer, J. (1985): Traditionsgeschichtliche Erwägungen zu den synoptischen und paulinischen Aussagen über Feindesliebe und Wiedervergeltungsverzicht, *ZNW* 76, 1–28.

Schnelle, U. (2002): *Einleitung in das Neue Testament* (UTB 1830), Göttingen: V&R, 4. Aufl.

Schürmann, H. (1994): *Das Lukasevangelium*, 2. Teil, 1. Folge: Kommentar zu Kapitel 9,51–11,54 (HThK III/2/1), Freiburg et al.: Herder.

Wischmeyer, O. (1986): Das Gebot der Nächstenliebe bei Paulus. Eine traditionsgeschichtliche Untersuchung, *BZ*. NF 30, 161–187.

第3章　愛の讃歌

第一コリント書 13 章にみるパウロの「愛」理解

嶺　重　　淑

は　じ　め　に

　キリスト教はしばしば「愛の宗教」といわれる。果たしてこのような定義が妥当であるかどうか、また妥当であるとするならどのような意味においてか、という点については様々な見解があり、簡単に結論を引き出すことはできないが、いずれにせよ、このテーマについて論じるためには、キリスト教の基本的な愛理解を把握しておく必要がある。そして、キリスト教における愛の特質を見極めるためには、当然のことながら、まず聖書（特に新約聖書）に目を向け、そこで愛がどのように捉えられているかを理解しなければならない。

　この「新約聖書における愛」について考える際、まず思い浮かぶのは、神を愛し、隣人を愛することを要求する「愛の二重の戒め」（マルコ 12:29-31 / マタイ 22:37-39）や自分の敵をも愛することを要求する「愛敵の戒め」（マタイ 5:44 / ルカ 6:27）等、福音書に記されたイエスの愛の教えであろう。しかしながら、新約

における愛の教えは決してこれに尽きるものではない。事実、「愛」を意味する$\dot{\alpha}\gamma\acute{\alpha}\pi\eta$（アガペー）というギリシア語[1]は、新約聖書においては共観福音書よりも、むしろそれ以外の文書に頻出しており[2]、パウロ書簡を始めとする他の新約諸文書においても、共観福音書におけるイエスの教えとは異なる観点から愛についてしばしば論じられている。そこで本章では、「愛の讃歌」[3]として知られるパウロのテキスト、第一コリント書13章に注目し、このテキストを通して見られるパウロの「愛」理解について考察していきたい。

I　パウロにおける愛（$\dot{\alpha}\gamma\acute{\alpha}\pi\eta$）の基本理解

今回取り上げる第一コリント書13章は、新約テキストの中でも特に有名な箇所であり、愛に関するパウロの中心テキストと見

---

1 古典ギリシア語では$\dot{\alpha}\gamma\acute{\alpha}\pi\eta$（動詞形：$\dot{\alpha}\gamma\alpha\pi\acute{\alpha}\omega$）は稀にしか用いられず、友愛を表す$\phi\iota\lambda\acute{\iota}\alpha$（動詞形：$\phi\iota\lambda\acute{\epsilon}\omega$）や憧憬や性愛を意味する$\ddot{\epsilon}\rho\omega\varsigma$（動詞形：$\dot{\epsilon}\rho\acute{\alpha}\omega$）の方が多用されている。その一方で$\dot{\alpha}\gamma\acute{\alpha}\pi\eta$が多用される新約聖書においては$\phi\iota\lambda\acute{\iota}\alpha$（$\phi\iota\lambda\acute{\epsilon}\omega$）は僅かしか用いられておらず、$\ddot{\epsilon}\rho\omega\varsigma$（$\dot{\epsilon}\rho\acute{\alpha}\omega$）にいたってはまったく用いられていない。

2 新約聖書に$\dot{\alpha}\gamma\acute{\alpha}\pi\eta$は計116回用いられているが、パウロ真正書簡に47回、第一ヨハネ書に18回用いられているのに対し、共観福音書には僅かにマタイ24:12とルカ11:42の二箇所に用いられているのみである。また$\dot{\alpha}\gamma\acute{\alpha}\pi\eta$の動詞形$\dot{\alpha}\gamma\alpha\pi\acute{\alpha}\omega$（愛する）は新約用例143回中、共観福音書に26回、形容詞形$\dot{\alpha}\gamma\alpha\pi\eta\tau\acute{o}\varsigma$（愛された）は新約61回中、共観福音書に8回用いられているに過ぎない。

3 この箇所全体の様式や文体が必ずしも統一的でないことから、「愛の讃歌」という表題は必ずしも適切なものではないが、ここでは慣例に従ってこの名称を用いることにする。

なされてきた[4]。もっとも、そのようによく知られたテキストではあるが、その内容は必ずしも単純明快ではない。さらに、愛に関するパウロの中心テキストと見なされている割には、パウロに特徴的な神学概念がここにはまったく抜け落ちている[5]。そのようなことからも、この「愛の讃歌」にみられる愛理解を、そのままパウロの愛理解の中心と見なすのは早計であろう。そこで、このテキストの検討に入る前に、パウロにおける愛理解の特質を概観しておく必要があるが、それは以下のようにまとめられる。

(1) 新約聖書に特徴的な $\dot{\alpha}\gamma\acute{\alpha}\pi\eta$（アガペー）は、元来神自身の愛を意味し、その起源は常に神からであり、決して人間の徳とは見なされなかった。この理解はヘレニズム・ユダヤ教から原始キリスト教会に受け継がれ、パウロも基本的にこの理解を引き継いでいくが、神の愛と人間の愛の密接な関連性を明確に示した点にパウロの愛理解の特質が認められる。

(2) パウロにおける神の愛は人間を救済しようとする神の意志を意味するが、その最大の特徴は、何よりそれが、神がこの世に遣わした御子キリストの贖いの死（執り成し）の出来事に示されているとする点にある（ローマ 5:8）。そして、人間の罪を赦すこのキリストの執り成しがキリストの愛の業であり（ローマ 8:34–35）、その意味で、神の愛とキリストの愛は根本にお

---

[4] 第一コリント書 13 章の研究史・解釈史については、Sanders 1966: 159–187 や Schrage 1999: 320–363 を参照。
[5] 例えば、キリスト、十字架、復活、律法、義、福音、罪、救い、聖霊等のパウロの主要概念がこのテキストにはまったく用いられていない。

いては同一であり、両者を厳密に区別することはできない[6]。それゆえ、キリストの贖いの死により救いにあずかった信仰者は、神に愛され、召された者なのである（ローマ 1:7; Ⅰテサロニケ 1:4）。そしてこの神の愛は、聖霊によって人々の心の中に注ぎこまれるため（ローマ 5:5）、「御霊の実」(ガラテヤ 5:22)や「霊が与える愛」(ローマ 15:30) とも表現される。

(3) パウロによれば、神の愛は人間の愛の業と決して無関係ではなく、神に愛されている存在として、人間には隣人に対する愛の業の実践が求められている。この隣人愛の掟はあらゆる他の掟を包括し、その実践は律法を完成するが（ローマ 13:8-10、ガラテヤ 5:13-14）[7]、その意味では、愛は律法に取って代わるものなのである。確かに、パウロの徳目表においては、愛は単に道徳的徳目の一つに過ぎないかのように他の徳目と並列されているが（Ⅱコリント 6:6; ガラテヤ 6:1）、パウロは明らかに愛の重要性を強調している（ガラテヤ 5:6; フィリピ 1:9）。その際注目すべきことは、共観福音書におけるイエスの愛の戒めでは隣人愛と並んで神への愛が言及されているのに対し[8]、パウロにおいては神への愛については一切触れら

---

6 この点については、「だれが、キリストの愛からわたしたちをひきはなすことができましょう」（ローマ 8:35）と「……どんな被造物も、わたしたちの主イエス・キリストによって示された神の愛から、わたしたちをひきはなすことができないのです」（ローマ 8:39）を比較参照。

7 このような理解はヘレニズム・ユダヤ教に遡る（ボルンカム 1970: 336）。これと類似する箇所としては、ヨハネ 15:12（「わたしがあなたがたを愛したように、互いに愛し合いなさい。これがわたしの掟である」）が挙げられる。

8 「第一の掟は、これである。『イスラエルよ、聞け、わたしたちの神である主は、唯一の主である。心を尽くし、精神を尽くし、思いを尽くし、力

れていない点である[9]。その意味でも、パウロが実践すべき愛として強調するのは、何より隣人に対する愛であり、なかんずく信仰上の仲間に対する兄弟愛である(ガラテヤ6:10、ローマ12:9-10、Ⅰテサロニケ4:9)[10]。

(4) その一方で、パウロは一貫して自己愛に対しては否定的な態度をとっている。そのような彼の態度は、自己愛が $\mathrm{\dot{\alpha}\gamma\acute{\alpha}\pi\eta}$ (アガペー)の本質とはまさに正反対のものであるとする彼の理解から容易に導き出せる[11]。

を尽くして、あなたの神である主を愛しなさい。』第二の掟は、これである。『隣人を自分のように愛しなさい。』この二つにまさる掟はほかにない」(マルコ12:29-31)を参照。さらに関連箇所としてⅠヨハネ4:21の「神を愛する人は、兄弟をも愛すべきです」も参照。因みにマルコ12:28-34に並行するマタイ22:34-40の末尾では、律法全体と預言者はこの二つの掟(神への愛と隣人への愛)に基づいている(22:40)と言明されており、内容的にもローマ13:8-10に近い。

9　それどころか、パウロが $\mathrm{\dot{\alpha}\gamma\acute{\alpha}\pi\eta}$ を神への愛として表現すること自体、非常に稀である(ローマ8:28; Ⅰコリント8:3のみ参照)。ニーグレン(1954: 92-96)によると、それは、神への愛は本質的に神の愛への応答(信仰)を意味しており、自発的特質をもつ $\mathrm{\dot{\alpha}\gamma\acute{\alpha}\pi\eta}$ ではないとするパウロの理解に起因している。

10　第一コリント書13章における愛が、神ではなく人間を対象としていることは大多数の研究者が一致して認めている。この問題については、ニーグレン1954: 103-115を参照。

11　確かにガラテヤ5:6には共観福音書の場合と同様(マルコ12:31他)、「隣人を自分のように愛しなさい」というレビ19:18の文句が引用されているが、福音書におけるイエスの理解とは異なり、パウロはそこで自己愛を隣人愛の基準とは見なしていない。

II　第一コリント書 13 章の検討

　以上の愛に関するパウロの基本理解を念頭におきつつ、次に第一コリント書 13 章全体を釈義的に検討していきたい。

[私訳]

13:1 たとえ私が人々の異言、天使たちの異言を語っても、愛がなければ、私は鳴り響く銅鑼か、やかましいシンバルになっている。2 たとえ私が預言［の賜物］を持ち、あらゆる奥義とあらゆる知識を持っていても、たとえ山を動かすほどの完全な信仰を持っていても、愛がなければ私は無である。3 たとえ私が自分の全財産を与えたとしても、たとえ焼かれるために[12] 自分の身体を〔死に〕引き渡しても、愛がなければ私には無益である。
　4 愛は寛容であり、愛は親切である。〔愛は〕妬まず、自慢せず、高ぶらない。5 無作法をせず、自分自身のものを求めず、いらだたず、〔人の〕

12　写本によっては「焼かれるために」（καυθήσωμαι）ではなく「誇るために」（καυχήσωμαι）となっており、ほとんどの邦訳聖書はこの訳を採用している。これは、文脈上理解しにくい「誇るために」が、殉教死に関わる劇的な「焼かれるために」に改変される可能性は十分あっても、その逆は考えにくいという理由による。確かに、より難解な読みがより正確であるとするのが本文批判の原則ではあるが、Lang (1994: 183) が指摘しているように、パウロに特徴的な「誇る」（καυχάομαι）という動詞（新約用例計 37 回中 34 回が真正パウロ書簡に使用）を写本家がパウロ書簡に全く見られない「焼かれる」（καίω）に書き換えたとは考えにくく、また逆に、写本家の不注意によって「焼かれるために」が「誇るために」に改変されるということも絶対あり得ないとは言い切れない。さらに(自己を)「誇る」ことを明らかに否定的に捉えていたパウロの理解に鑑みても、この「誇るために」という読みはテキストの文脈にそぐわないように思える。以上のような理由から、ここでは「焼かれるために」という読みを採用したい。

悪を数えたてない[13]。6 不義を喜ばず、真理を共に喜ぶ。7 すべてを忍び、すべてを信じ、すべてを望み、すべてに耐える。

 8 愛は決して滅びない。預言は廃れ、異言はやみ、知識は廃れよう。9 私たちの知識は一部分、預言も一部分だから。10 完全なものが来たときには部分的なものは廃れよう。11 幼子だったとき、私は幼子のように話し、幼子のように思い、幼子のように考えていた。成人した今、幼子のことを棄てた。12 私たちは、今は鏡におぼろに映ったものを見ているが、そのときには顔と顔とを合わせて見ることになる。私は今は一部しか知らないが、そのときには、はっきり知られているようにはっきり知ることになる。13 それゆえ、信仰と希望と愛、この3つは存続する[14]。その中で最も偉大なのは愛である。

(1) テキストの文脈

　第一コリント書13章は、人間が神から与えられている「霊的な賜物」を統一テーマとする12-14章の文脈の中に位置しており、先行する12章には種々の霊的な賜物について述べられ、後続の14章では霊的な賜物の中でも特に異言と預言に焦点があてられている。そのような意味でも、この13章で扱われているのは、あくまでも霊的な賜物の一つとしての愛なのである。

13　この箇所（τὸ κακὸν λογίζομαι）の訳語は、「恨みを抱かない」（新共同訳）、「人のした悪を思わず」（新改訳）、「人のしたことを悪と思わず」（新改訳第3版）、「悪しきことを企まず」（岩波訳）、「（人の）悪を根にもたない」（岩隈訳）等、翻訳によって様々であるが、原語に即して訳すなら、「人の悪を数えたてない」（松永 2001: 117）とすべきであろう。
14　多くの邦訳は、「存続する」に「永遠に（とこしえに）」という副詞を加えているが、原文にはそれに相当する語は含まれていない。この点については、さらに後述の「テキストの考察」を参照。

もっとも、この13章は必ずしも前後の文脈と滑らかに接合しておらず、むしろ内容的には12章1節以降の議論を中断しているように思える。というのも、ここでは何より愛の永遠性が強調され、前後の章で強調されている愛以外の霊の賜物については、むしろ否定的に述べられているからである。そのような意味では、13章の「愛の讃歌」を導入する「そこで、私はあなたがたに一層高い道を示そう」(12:31b) から、それを締め括る「愛を追い求めなさい」(14:1a) までの部分は、二次的にこの文脈に挿入されたという可能性も完全には否定できないであろう[15]。

(2) テキストの背景

修辞的な讃歌形式をとる第一コリント書13章は文体的に非パウロ的であり、また非パウロ的語彙を多く含んでいる。さらにパウロに特徴的な神学概念や[16]、キリスト論を始めとするパウロに特徴的な教説を含まないこの讃歌は、パウロ自身が創作したものとは考えられない。

この讃歌の並行・関連箇所としては、ギリシアのプラトンの『饗宴』におけるエロス賛美[17]や「ソロモンの知恵」7章の知恵への賛美[18]の他、ユダヤ黙示文学に属する第三エズラ書4章34-40節等が挙げられる[19]。なかでも文体的に特に類似している

---

15 因みにカール・バルト (1981: 63,70-78) は、終末論的な視点を含むこの第一コリント書13章を、キリストの復活と死者の復活について述べる同15章の序論と見なしている。
16 注5を参照。
17 プラトン『饗宴』197c-e を参照。
18 特に「ソロモンの知恵」7:22-8:1 を参照。
19 この讃歌の並行箇所については、Conzelmann 1981: 267-269 を参照。

のは第三エズラ書の箇所であり、ここには真理についての賛美の言葉が記され、ユダヤ的知恵伝承によって刻印されているが、「真理は存続し、永遠に力を保持し、……」というように、主題の相違こそあれ、愛の讃歌と同様の讃歌形式をとっている。愛の讃歌の起源は明らかではないが、おそらくパウロは、この種の伝承を取り入れ、適宜修正しつつ、このテキストを構成したのであろう。

(3) テキストの構造

第一コリント書13章は、内容的に以下のように4つの部分に区分できる。

①あらゆる霊の賜物に優る愛（1-3節）

②愛の特性と働き（4-7節）

③愛の永遠性（8-12節）

④結び：愛の偉大性（13節）

このうち①と③は、種々の霊の賜物に批判的に言及することによって愛の重要性を強調しているのに対し、両者に挟まれた②は愛を主語として擬人法的に展開され、知恵文学的な要素をもっている。なお、③と④はむしろ一つのまとまりとして捉えられる場合が多いが、後述するように、結びの13節と直前の8-12節との間には内容的なずれが見られることからも、両者は区別して考えるべきであろう。

(4) テキストの内容

①あらゆる霊の賜物に優る愛（1-3節）

この部分は3つの節からなっているが、次頁の表にも示したように、各節が「たとえ私が～でも、愛がなければ、～である（否

定的内容)」という文章構成になっており[20]、どんな霊の賜物や献身的行為も愛がなければまったく無益であることが強調されている。

	A. たとえ私が〜でも	B. 〜なら	C. 〜である（〜にすぎない）
1節	①異言を語っても	愛がなければ	騒がしい楽器にすぎない
2節	②預言〔の賜物〕をもち、あらゆる奥義と知識をもっていても ③完全な信仰をもっていても		無である
3節	④自分の全財産を与えても ⑤自分の身体を引き渡しても		無益である

冒頭の1節では、コリントの教会で特に重視されていた異言が問題にされている[21]。異言そのものをパウロは決して否定しておらず、彼自身、誰よりも多くの異言を語れることを神に感謝しているが（Ⅰコリント14:18）、ここではその価値を相対化し、愛がなければ、この異言も銅鑼やシンバル等のやかましい楽器に過ぎないと語っている[22]。

---

20 ギリシア語原文では ἐάν ..., ἀγάπην δὲ μὴ ἔχω ... という構成になっている。パウロはここでは一人称で語っているが、むしろ「私」を一般化し、読者全般に当てはまる事柄としてこの部分を記している。
21 「異言」は一般の人には理解し難い信仰表白の言葉を指しており、Ⅰコリント12章、14章によると、異言を語る能力は聖霊によって与えられる。「天使たちの異言」という表現は黙示的世界観を暗示するとともに（Ⅱコリント12:4; ヨブの遺訓48-50章を参照）、異言そのものの不可解さを示している。異言が特にコリント教会で重視されていたことは、後続の14章では預言に劣るものと見なされているにも拘わらず、ここでは預言の前に言及されていることからも確認できる。
22 ここでは異教の祭儀で用いられていた楽器のことが想定されているのかもしれない。

続く2節は2つの条件文からなり、まず預言（の賜物）、奥義、知識、続いて信仰が、それぞれ愛に対して相対化されている。次の14章でパウロは預言を異言に対して肯定的に捉えており、また預言者を高く評価し、使徒の次に位置づけている（12:28）。「奥義」は人の心に隠された神の知恵（天的知識）であり（2:7; 15:51 参照）、その一方で「知識」は地上的な知識を意味している。また、ここでの「信仰」は一般的な意味での信仰ではなく、「山を動かすほどの」という表現[23]からも明らかなように、奇跡的な力を働かしうる特殊な賜物としての信仰のことが考えられているのだろう（12:9 参照）。これらの賜物はそれぞれに価値を有しているが（12:8-10 参照）、ただ、これらのものを持っていたとしても、愛がなければ私は無であるとパウロは述べるのである。

次の3節では霊的な賜物に代わって具体的な行為が問題にされ、全財産を与えることと自分の身体を死に引き渡すことが引き合いに出されている。財産を貧しい人に分け与える施しの行為は福音書においても積極的に推奨されており（マルコ10:21; ルカ11:41; 12:33; 14:12-14 他）、パウロ自身もしばしばこの行為を勧めているが（Iコリント16:1 他）、ここでは相対化している。また、焼かれるために自らの身体を犠牲にするという行為は、火刑による殉教か（ダニエル3:19-20; ヘブライ11:34 等を参照）、禁欲的行為としての焼身自害のことを指しているのだろう。事実、ギリシア・ローマ世

---

23 この表現についてはマルコ11:23（「はっきり言っておく。だれでもこの山に向かい、『立ち上がって、海に飛び込め』と言い、少しも疑わず、自分の言うとおりになると信じるならば、そのとおりになる。」）およびその並行記事を参照。「山を動かす信仰」という表現がラビ文献には見られないことから、パウロはこのイエスの言葉伝承を知っていたのかもしれない。

界においても自ら進んで火に焼かれることは英雄的行為と見なされていた。しかし、そのような英雄的行為にしても、愛がなければ自分には無益だとパウロは述べるのである。

このようにパウロは、様々な霊的賜物や献身的な行為も、愛がなければ無意味であると強調するが、決してこれらの賜物や行為を全面的に否定しているのではない。むしろこれらのものも、愛を伴うことによって本来の意味をもちうることが前提とされている。

②愛の特性と働き（4-7節）

この箇所では一転して愛が主語となり、擬人化されて表現され、計15の動詞が用いられることにより行為としての愛の側面が強調されている。下表にも示されているように、最初に2つの愛の特性が肯定的表現で導入された後、否定詞を伴う表現で計8つの愛の特性が列挙され[24]、その後再び肯定的表現が続いており、全体としては、愛に関する否定命題が肯定的な愛の命題によって囲い込まれる形になっている。

4節a	肯定的特性×2	¹寛容、²親切
4節b-6節	否定的特性×8 +肯定的特性×1	¹妬まず、²自慢せず、³高ぶらず、⁴無作法をせず、⁵自分自身のものを求めず、⁶いらだたず、⁷悪を数えたてず、⁸不義を喜ばず、／⁹真理を共に喜ぶ
7節	積極的特性×4	（すべてを）¹忍び、²信じ、³望み、⁴耐える

最初に愛は寛容で親切であると述べられる（4節a）。「寛容である」と訳されている語（μακροθυμέω）は忍耐強く待つことを

---

24 否定詞を伴う動詞の列挙については、『十二族長の遺訓』「イッサカル」4:2-6を参照。

意味しており[25]。また、この語としばしば結びつく「親切である」（χρηστεύομαι: ローマ 2:4; II コリント 6:6; ガラテヤ 5:22 参照）は相手の立場を思いやる態度を指している。

続いて、妬み、自慢、高ぶり、無作法、利己心、苛立ち、他者への非難というように、人間のうちに見られる様々な負の特性が、繰り返し否定的に表現されることによって愛の本質が示され（4節 b-6 節）、いずれにせよ、愛が決して思い上がりや自己中心的なものではないことが強調されている。そして最後に「不義を喜ばず、真理を共に喜ぶ」と、否定と肯定の断言が結びついて表現されることにより、真理と密接に関わる愛の特性が強調される[26]。

7節では総括的にさらに 4 つの愛の特性について述べられるが、ここではすべてを忍び、信じ、望み、耐えるものとしての愛の特質が強調されている。注目すべきことに、4 節冒頭の「寛容である」という表現にも通じる「忍ぶ」（στέγω: I コリント 9:12; I テサロニケ 3:1,5）と「耐える」（ὑπομένω: ローマ 12:12）という類似表現が最初と最後に出てくるが、このことからも、この段落全体が忍耐のモチーフによって枠付けられており、耐え忍ぶという行為が愛の行為として特に強調されていることが明らかになる。なお「信じ、望み」に対応する信仰と希望については最後の 13 節でも愛と並置されている。

③愛の永遠性（8-12節）
ここでも愛は主語に留まっているが、文体は大きく変わってい

25　新共同訳聖書はこの箇所を「忍耐強い」と訳出している。
26　パウロはローマ 1:18; 2:8 においても「真理」（ἀλήθεια）と「不義」（ἀδικία）を対立的に捉えている。

る。この箇所では愛の永続性、不滅性が主題になっているが、このことは表題的機能を持つ冒頭の「愛は決して滅びない」(8節a)という文句にも示されている。「滅ぶ」と訳した語(πίπτω)は「崩壊する」、「破壊される」という意味を持ち、「決して〜ない」という表現と結びついて愛の不滅性をより一層強調している。続いてこれとは対照的に、すでに言及された預言、異言、知識の非永遠性が述べられる(8節b)。1-2節では、愛なくしてはこれらの霊的な賜物は無意味であることが述べられていたのに対し、ここでは両者が対立的に捉えられ、その意味で強調点が移行している。もっとも、ここでもこれらの賜物そのものが完全に否定されているわけではなく(12:8-11参照)、あくまでも永遠に存続する愛との比較において、それらはやがては過ぎ去っていく、はかないものであることが示されている。そしてこの8節の主張は、以下の表に示したように、9節以降で3つの例を用いて説明される。

8節	霊的な賜物（預言、異言、知識）	永続する愛
9-10節	部分的なもの	完全なもの
11節	幼子の振る舞い（かつて）	大人の振る舞い（今）
12節	金属製の鑑に映る不完全な像（今）	顔と顔を合わせて見る実像（将来）

まず最初に、これらの過ぎ去っていく霊の賜物と永続する愛との対比が、部分的なものと完全なものとの対比になぞらえて説明される(9-10節)。知識や預言[27]は確かに様々な機能を持ってい

---

27 8節とは異なり、ここでは「異言」について言及されていないが、後続の14章で預言が異言に優っていることが強調されていることを勘案すれ

るが、所詮は断片的で部分的なものに過ぎず、そのようなものは完全なものが来たときには廃れてしまうだろうというのである。ここでいう「完全なもの」とは終末における完成を意味しているが、具体的にはキリストの来臨（再臨）を指している。

次の11節は、1-3節と同様一人称で表現されているが、同様のことが今度は幼子と大人の対比になぞらえて説明される。すなわち、かつて自分が幼子であったときには幼子のように話し、考えていたが、成熟し、成人した今では幼子であることをやめて、そのような話し方、考え方はしなくなった。そのように、成熟した大人の立場からは、かつての幼児期の自分は未熟なものと見なされるということがここでは述べられているが、おそらくパウロは、論敵たちの言葉や考えの未熟さを暗示しているのであろう。

続く12節では鑑の比喩が用いられ[28]、不完全なものと完全なものとの対比が、今度は間接的で曖昧なものと、直接的で明確なものとの対比になぞらえて説明されている。すなわち、今私たちは鏡を通して、そこに映されたおぼろげな像を見ているが、そのとき（＝終末の日、主の再臨の日）には、顔と顔とを合わせてはっきりと見ることになるだろう。今は一部しか知らないが、そのときにははっきりと知るようになるだろう。つまり、今私たちが持っている知識は不完全で曖昧なものであるが、そのときには完全な知識を得るであろうと述べられており、ここには時間性の限界内

ば、ここでは意図的に省略されたものと考えられる。
28 鑑はギリシア古典文学において「明晰性」、「自己認識」、「視覚の間接性」等を表わしていた。ここではおぼろげにしか像を映さない、品質の悪い金属製の鑑のことが言われているのであろう。因みにコリントは鏡の産地として有名であった。

の認識とその限界を突き破る認識とが対比的に描かれている。また先ほどの例では「かつて」と「今」が対比されていたのに対し、ここでは「今」と「将来」とが対比されており、終末論的状況がより明らかに示されている。

④結び：愛の偉大性（13節）

13章全体を締め括るこの節ではまず、信仰、希望、愛の3つが存続していくことが述べられる。その意味では、ここで愛と並列されている信仰と希望は、異言や預言等の他の霊的賜物とは質的に区別されていることになる。また、これら3つのものがここでは統一体として捉えられていることは、これら3つの主語に対して単数の動詞（μένει）が用いられていることからも確認できる[29]。しかし最後に、それら3つのものの中でも愛が最も偉大であると

---

29 これら3つの概念は3幅対と呼ばれ、次表に示すように新約聖書の書簡においてしばしば並置されている。

Ⅰテサロニケ1:3	あなたがたが信仰によって働き、愛のために労苦し、また私たちの主イエス・キリストに対する希望を持って忍耐していることを、私たちは絶えず…心に留めているのです。
Ⅰテサロニケ5:8	しかし、私たちは昼に属していますから、信仰と愛を胸当てとして着け、救いの希望を兜としてかぶり、身を慎んでいましょう。
コロサイ1:4-5	あなたがたがキリスト・イエスにおいて持っている信仰と、すべての聖なる者たちに対して抱いている愛について聞いたからです。それは、…希望に基づくものであり、あなたがたは既にこの希望を、福音という真理の言葉を通して聞きました。
ガラテヤ5:5-6	私たちは、義とされた者の希望が実現することを、"霊"により、信仰に基づいて切に待ち望んでいるのです。キリスト・イエスに結ばれていれば、割礼の有無は問題ではなく、愛の実践を伴う信仰こそ大切です。
ローマ5:1-5	このように、私たちは信仰によって義とされたのだから、私たちの主イエス・キリストによって神との間に平和を得ており、このキリストのお陰で、今の恵みに信仰によって導き入れられ、神の栄光にあずかる希望を誇りにしています。… 希望はわたしたちを欺くことがありません。私たちに与えられた聖霊によって、神の愛が私たちの心に注がれているからです。

述べられ、まさに愛こそがあらゆるものに優るものであることが改めて強調される。

Ⅲ　テキストの考察

　以上、第一コリント書13章の愛の讃歌の内容について概観してきたが、このテキストには解釈上の問題点が幾つか含まれている。ここでは特に問題となる①キリスト論の問題と②13節における「愛」と「信仰、希望」との関係について考察しておきたい。

(1) キリスト論をめぐって

　第一の問題点は、この愛の讃歌にはキリスト論の痕跡がまったく見出されない点である。この点は、パウロが同様に愛について集中的に述べているローマ書8章31-39節と比較すれば一層明らかになる。なぜ、パウロはここで、彼の神学において中心的意味をもつキリストにまったく言及しないのだろうか。これについては、たとえイエス・キリストに直接言及されなくても、他者に仕え、献身するキリストの姿がここにはすでに前提とされていると考えることも可能であろうし[30]、愛（ἀγάπη）という概念そのものがキリストとの関連を前提としているとも言えるだろう（ローマ 5:8; 8:34-35 参照）[31]。しかしながら、このような主張をテキストから釈義的に論証することは難しい。そのような意味でも、む

30　Lang 1994: 181-182,189 を参照。
31　Conzelmann 1981: 270 を参照。その意味では、カール・バルト（1976: 244）が指摘しているように、ここでの「愛」をイエス・キリストの名で

しろ、元来キリスト教的背景をもたなかった「愛の讃歌」の伝承がそのままパウロによって取り入れられたために、ここにはキリスト論的な言及は特に見られないと考えるべきであろう。

(2) 「愛」と「信仰、希望」との関係

もう一つの問題は結びの13節の内容に関わっている。前述したように、8節以降の部分では様々な霊の賜物に対する愛の優位性が際立たされ、愛のみが滅びることのない永遠のものであり、それ以外のものは過ぎ去っていく一時的なものであることが強調されていた。ところが、13節前半部には愛だけではなく、それに信仰（πίστις）と希望（ἐλπίς）を加えた3つのものが存続すると記されている。確かにその直後の13節後半部では「その中で最も偉大なのは愛である」と、再び愛の優位性が強調されているが、それでもこの部分は一貫性を欠いているように思われる。特に問題となるのは、「3つは存続する」の「存続する」（μένει）という表現が終末論的意味で用いられているかどうかという点である。というのも、もしそうであるなら、愛のみが永続すると述べる8節の内容および13章全体の文脈と明らかに矛盾することになるからである。

それでは、この「存続する」という表現には終末論的意味は含まれていないのだろうか。確かに、13節冒頭の語（νυνί）を「今」という時間的意味に解し、この箇所を「この世において存続する」という意味で解することも文法的には可能である[32]。しかし預言や異言等の他の霊的賜物にしても、この世において存続している

置き換えることができるかもしれない。
32 例えばKremer（1997:291）がそのように解している。

わけだから、このような説は受け入れにくい。あるいは、この「存続する」は時間的意味よりも論理的意味で解すべきであり、これら3つのものが永遠に存続するというのではなく、他の賜物に対して有効であり続けるということが意味されているとする主張も見られるが、この説明にしても説得的であるとは言えない。

一方で、「存続する」という表現の終末論的意味を一応認めつつも、これと8節の「決して滅びない」という表現の間に質的・時間的な差異を認め、愛は終末時以降も存続するのに対し、信仰と希望は終末まで至るが、それを越えては存続しないと解し、信仰と希望の［中間時性］を主張する研究者も存在する[33]。しかしながら、果たしてこのような区別が可能であるかどうかは疑問であり、この説にしても論拠に乏しいと言わざるをえない。

そのような意味でも、いずれにせよ、この「存続する」という表現が終末論的意味で用いられていることはもはや否定できないであろう。そこで、7節には「（愛は）…すべてを信じ（πιστεύω）、すべてを望み（ἐλπίζω）、…」とあることからも、愛は信仰・希望を内包しており、そのためにこのような表現になっていると解することができるかもしれない。しかしそうすると、異なる意味で用いられているとはいえ、2節では信仰（πίστις）に対する愛の優位性が明確に述べられている点が説明できず、またそのような理解では、ここまで強調されてきた、他のあらゆる霊的賜物に対する愛の絶対性自体が否定されることになる。

---

33 例えば松永（2001:122）は、信仰と希望が終末時に至るまで存続するのに対し、愛は終末となって後も永遠に続くと主張し、8節の「決して滅びない」という表現は13節の「存続する」以上に不滅生を強調していると見なしている。またモリス（1989:289）はこの箇所を「今や終わりにのぞんで…存続する」という意味で解している。

それゆえ、ここに見られる矛盾を合理的に説明しようとする試みは断念し、矛盾は矛盾として認め、むしろ、著者パウロがそのような矛盾を引き起こしてまで、ここで何を訴えようとしたかを見極めるべきであろう。すなわち、ここでの「存続する」は明らかに終末論的意味で用いられているが、パウロがテキストの文脈を乱してまでも、ここで信仰と希望に言及したのは、おそらく「信仰―希望―愛」（3幅対）の表現がすでによく知られており、あるいは、「信仰、希望、愛は永遠である」という言い回しそのものが広く浸透していたためであろう。すなわち、13章全体の文脈からも明らかなように、パウロの最終的な目的はあくまでも末尾の愛が最も偉大であることを強調する点にあったのだが、彼はここで敢えて「信仰、希望、愛は永遠である」というよく知られた表現を用いることによって、これら3つのものの永遠性を読者にまず思い起こさせ、その上で愛の偉大性を改めて印象づけようとしたのであろう[34]。

ま と め

この第一コリント書13章のテキストは、今日では非キリスト教国の日本においても、結婚式のテキストとして頻繁に用いられるようになったが[35]、このテキストが結婚式に用いられように

34　シュタウファー（1976:70–71）も同意見。
35　昨今の日本で一般化しているホテルでのチャペル結婚式では、このテキストがほとんど定番になっているようであるが、おそらくそれは、この讃歌が愛を賛美することに終始し、キリスト、神、罪、等の神学的、宗教的

なったのは、西洋のキリスト教社会においても比較的最近のことで、20世紀後半に入ってからのことである[36]。事実、このテキストで讃えられている愛は必ずしも男女の愛ではなく、ましてや結婚する若い男女の愛が特にここで問題にされているわけでもない。むしろ、ここでは教会内の兄弟愛、ひいては一般的な意味での隣人に対する愛がテーマとなっており、そしてまた、ここで謳われているのは理想的な愛の姿であって、およそ生身の人間には到達できそうにない愛の永遠さ、不滅性である。

　興味深いことに、しばしば律法を否定的に捉えているパウロが、隣人に対する愛の実践が律法を全うすると明言している。すなわちパウロは愛の中に律法の成就を見、愛の実践こそが、人間に対して求められている、律法に代わる業と見なすのである。その意味では、パウロは今日に生きる私たちにもこのように訴えかけてきているように思える。すなわち、自らの力では決して到達し得ないこの至難とも言える愛の業を、われわれはそれでも隣人に対して実践しようと努めなければならない。──われわれ自身が現に今、キリストの十字架において示された神の愛によって生かされているがゆえに。

　　用語を含んでいないため、キリスト教にまったく馴染みのない一般の日本人にも受け入れられやすいという理由によるのであろう。
36　この点については本書第10章、中道基夫「キリスト教式結婚式の変遷と愛による神聖化」を参照。

【参考文献】

G. ボルンカム(1970):『パウロ―その生涯と使信』佐竹明訳、新教出版社。

A. ニーグレン (1954):『アガペーとエロース』(新教セミナーブックス 5) 岸千年・大内弘助訳、新教出版社。

松永晋一 (2001):『からだの救い―第一コリントを中心にして』新教出版社。

カール・バルト (1981):『死人の復活』山本和訳、新教出版社。

カール・バルト (1976):『教会教義学 神の言葉Ⅱ/2』吉永正義訳、新教出版社。

レオン・モリス (1989):『愛―聖書における愛の研究』佐々木勝彦他訳、教文館。

G. クヴェル・E. シュタウファー (1976):『愛』(キッテル新約神学辞典) 川村輝典訳、教文館。

J. T. Sanders (1966): First Corinthians 13: Its Interpretation Since the First World War, *Interpretation* 20, pp. 159-187.

W. Schrage (1999): *Der erste Brief an die Korinther III*, (EKK VII/3), Benzinger/Neukirchener.

F. Lang (1994): *Die Briefe an die Korinther* (NTD7), Göttingen/Zürich.

H. Conzelmann (1981): *Der erste Brief an die Korinther* (KEK), Göttingen.

J. Kremer (1997): *Der erste Brief an die Korinther* (RNT), Regensburg.

第 4 章　パウロは性と結婚についてどう考えていたか

第一コリント書 7:1-7 を手がかりに

大宮有博

は じ め に

　私たちは恋愛をしている時、快楽や結婚といったことを常に念頭に置いているはずである[1]。恋愛をすれば、相手とのセックス(快楽)や結婚を考える。また、結婚をすれば、幸せな家庭を築くために、やはり夫婦愛や子供を作るためにもセックスのことを考えるだろう。恋愛・セックス・結婚は一連のものであり、これらを切り分けて語ることは不自然である。

　さて、キリスト教は、結婚とセックスに深く関わってきた宗教である。キリスト教は、結婚式を重視してきたことにも見られるように、男と女の間の結婚によって家庭を形成することを大いに

1　J・ル＝ゴフ、A・コルバン他、小倉孝誠・後平隆・後平澪子訳『世界で一番美しい愛の歴史』藤原書店、2004 年、14 頁を参照。ドミニック・シモネは、「愛の歴史は感情、結婚、性という三つの言葉、三つの領域に還元される。あるいはそのほうが好ければ、愛、生殖、快楽と言ってもいい…」と述べている。

奨励してきた。その結婚に不可欠なものが愛である。キリスト教の結婚式では、エフェソの信徒への手紙 5:22-33 が読まれ、牧師は説教のなかでこの結婚が二人の愛によるものであると説き、これからも二人が愛し合うことを強く勧める。他方では、教会はセックスへの欲望を束縛しており、生殖を目的としないセックスは不道徳として避けるように教えてきた。特に、福音派やファンダメンタリストにとって、家族の価値の復権と性のモラルの引き締めは「看板」である[2]。その根拠として彼らは聖書の言葉をあげてきた。本論の目的は、福音派やファンダメンタリストのその「看板」に、聖書を用いて反論することではない。本論は、キリスト教の性倫理に関する考察に歴史的基盤を据えることを意図している[3]。パウロがコリントの信徒に伝えた結婚と性についてのルールは、コリントの信徒たちがパウロに尋ねたことへの応答である。本論の前半部では、この書簡が書かれた時代——おそらく 54 年頃——のローマ都市やユダヤ教の性や結婚についての風俗や規範を概観する。これによって、私たちと聖書の時代の間にある隔たりを再認識する。次に、後半部でコリントの教会が抱えていた問題とパウロの意図を明確にする。このように聖書を読むならば、私たちは聖書を「性と結婚のルールブック」としてではなく、世代や文化を超えて、性についての考え方が違う人たちが話し合うための材料の一つとして扱うことができるだろう。

---

[2] この点については、拙著『アメリカのキリスト教がわかる』キリスト新聞社、2006 年を参照。

[3] このような主張については、L. William Countryman, *Dirt Creed & Sex: Sexual Ethics in the New Testament and Their Implications for Today* (Philadelphia: Fortress, 1988), Chapter 1 に基づいている。

I　パウロの時代の性と結婚

　パウロが地中海の都市を巡ってイエス・キリストの福音を伝え、書簡を書き送った頃、それらの都市ではどのように人々は性を営み、結婚して家庭を築いたのであろうか。また、都市部のユダヤ人コミュニティー——これらを総称して「ディアスポラ」と呼ぶ——に住むユダヤ人はどのように性を営み、家庭を築いたのであろうか。

(1) ローマ社会では1世紀ごろに性の捉え方が変化してきた

　帝政初期のローマと言えば、パックス・ロマーナと呼ばれる平和と繁栄を極めた諸都市で酒池肉林の贅沢な宴が毎晩開かれ、人々は乱交の極みを尽くしていたと想像していないだろうか。確かに、ペトロニウスによって書かれたという『サテュリコン』には淫靡な愛欲の営みや贅沢な宴の様子が描かれ、オウィディウスの『恋の技法』には恋愛の有り様が活き活きと綴られている[4]。また、初代皇帝アウグストゥスの娘ユリアは、結婚後も複数の愛人を持ち、その愛人の一人と皇帝暗殺を企てて流刑になったことについて、複数の歴史家や作家が述べているところである。他にも、タキトゥスやスエトニウスといった歴史家たちは、皇帝やその家の者たちの乱交ぶりについて記録を残している。こうしてみると、当時のローマは堕落と退廃に満ちていたようにも思われる。

4　ペトロニウス著、『サテュリコン』（岩波文庫）岩波書店、オウィディウス著、『恋の技法』（平凡社ライブラリー）平凡社、1995年。

しかし、本村凌二の研究によると、古代地中海世界での性をめぐる事情は、1世紀後半を境に少しずつ変化が起きているという[5]。彼によれば、性にまつわる事柄を『汚らわしい』ものとして忌み嫌う意識が、だんだんと強くなっている。「言い換えれば、性的事象を日常世界から排除する意識、あるいは異常なものとみなす意識が、徐々に表れ出てきているのである。」[6]

　ローマの為政者による性の縛りは、1世紀の特徴のひとつでもある。アウグストゥス帝（位前27年–後14年）は、結婚奨励法、姦通取締法を発布し、3人以上の子どもを持つ親には特権を与え、逆に、独身者や子どものない者には、遺産などの財産を受け取る資格を制限した。また、放蕩の限りを尽くした娘ユリアや、『恋の技法』を書いた詩人オウィディウスを流刑にしている。その後もローマでは性の放縦さはとどまらなかったが、タキトゥスによれば、ウェスパシアヌス帝（位69–79年）の時代に、贅沢と放縦の風潮が後退し、質素で厳格な風紀に向かったという[7]。

　これと並行して、結婚に関しての変化もおこったと、本村は指摘する。そもそもローマ社会では、結婚は家名や財産を継承させるためのものであった。言い換えるならば、結婚の目的は、正統なる子孫に財産を継承させ、ローマ市民権という特権をゆるがぬものにすることであった。したがって、純潔と出産できることが花嫁の条件であり、花婿には、出身地や家柄、見た目の良さ、将

---

[5] 本村凌二『ローマ人の愛と性』（講談社新書1476）講談社、1999年。この主張は、堕落した社会に対する時代の異なる3人の風刺詩人のまなざしを比較検討した結果に基いている。
[6] 本村『ローマ人の愛と性』、115頁。
[7] タキトゥス著、国原吉之助訳『年代記』（岩波文庫）。

来の有望性が求められた。多くの場合、女性は十代の時に年の離れた男性と結婚した。それは、よりたくさんの子どもを産むためであった[8]。

そのため、財産を持たない下層市民、兵士、奴隷といった人々にとって、結婚は必要なことではなく、同棲や内縁といった関係でよかったのである。しかし、2-3世紀になると、下層民や兵士、さらには奴隷の間でも、結婚が見られるようになった。この頃から、結婚はお互いの意思と愛情にもとづくものになったと考えられる[9]。

そして、このような変化の時期に、キリスト教は地中海世界に広まっていったのである。後に述べるように、性的不品行から離れるようにしなさいという倫理的教えや結婚に関する記述が、新約聖書の書簡にしばしば見られるのも、このような風潮を反映していたと考えることができるのである。

(2) ユダヤ社会において「正しいセックス」とは夫婦間で営まれるものであった

次に、パウロの時代のユダヤ社会では、性や結婚はどのように見られていたのであろうか。特に、パウロが伝道した地中海都市

---

[8] ローマの結婚については、Albert Brian Bosworth, Barry Nicholas, and Susan M. Treggiari, "marriage law," in *Oxford Classical Dictionary* (Third Edition; Oxford University Press, 1996), 928–929、Paul Veyne, *The Roman Empire* (tr. By Arthur Goldhammer; Cambridge: Harvard University Press, 1987), 33–50、長谷川岳雄・樋脇博敏『古代ローマを知る事典』東京堂出版、2004年、172–297頁などの概説書を参照。

[9] 本村『ローマ人の愛と性』、143–145頁。なお本村は指摘していないことであるが、プルタルコス（1世紀末〜2世紀初め）は『モラリア』第6巻のなかで夫婦愛を高次元の友愛（friendship）と指摘している。

に暮らすユダヤ人はどうであったのだろうか。

ユダヤ社会では、結婚の目的は、人との交わり、子どもを作ること、そして男が一人前になるための条件であった[10]。彼らの社会は、基本的に単一婚である。旧約聖書には、上流層で重婚がおこなわれていたことが記録されているが、少なくとも1世紀のユダヤ世界には見られない[11]。結婚は、両親によってアレンジされる場合が多かった。なお、ユダヤ人と他の民族との間の結婚は、当然あったであろうが、周囲はそれを望ましいものと思わなかったことは容易に推察できる。

旧約聖書には、ユダヤの人々も恋愛や性を謳歌してきたことを伺える記事がある。最も顕著なものは、雅歌であろう。この書には、若い男性が女性に歌う恋愛歌が綴られている。ここには、『恋の技法』ほどではないにしろ、恋とそれにともなう性を楽しもうとするおおらかさが見て取れる。1世紀後半から2世紀の初めごろまでに、ミシュナーの基礎を築いたラビ・アキバは、雅歌は神聖なものとし、この歌を酒場において大声で歌うことを禁じている (*t.Sanh.* 12.10)。このことからも、それまで雅歌が、恋愛歌として、ユダヤ人に長い間、楽しまれてきたことが推察できる[12]。

このように、ユダヤ社会では恋愛や性を楽しまれてきたが、姦

---

10 Sch B.-Z., "marriage" in *Encyclopedia Judaica* (Jerusalem: Keter Publishing House, 1971), 11:1025-1051.
11 結婚の目的の一つが人との交わりであることは創世記2:18, 24を見よ。単一婚が基本であることは創世記2:24、多重婚の例としては士師記8:30; サムエル記上5:13を参照。
12 しかし、雅歌も紀元前3-1世紀頃にギリシャ語に翻訳された際には、性に関する表現は幾分控えめに表現されるようになった。さらに、後2世紀になると、雅歌は、神と人との愛を比ゆ的に表現しているものとして神

通と買春には厳しかった。姦通についての厳しい規定は、十戒の7項・10項（出エジプト記 20:14, 17）やレビ記 18:20; 20:10 などに見られ、特に、レビ記の規定では、男も女も死刑になるとされている。姦通に対する厳しいまなざしが、1世紀のユダヤ世界にも通用していたことは、マルコによる福音書 10:11-12 やヨハネによる福音書8章などに、姦通をめぐる議論として記録されていることから明らかである。また、買春に関しては、異教の祭儀と娼婦が深く関与していることから警戒されていた[13]。なお、売買春と異教との密接な結びつきは、後1世紀ころの地中海世界においても変わらなかったようである。アレクサンドリアのユダヤ人哲学者フィロン（前 25-後 45/50）は、売買春を汚らわしいものとして見ている[14]。

　ユダヤ人は、セックスを汚らわしいものとはしないが、結婚した夫婦の間でのみ営まれるべきものと限定している。箴言の言葉「あなたの水の源は祝福されよ。若いときからの妻に喜びを抱け。彼女は愛情深い雌鹿、優雅なかもしか。いつまでもその乳房によって満ち足り／常にその愛に酔うがよい。」(5:18-19) は、これを示す良い例である。この後、「わが子よ／どうしてよその女

聖視されるようになった。月本昭男・勝村弘也訳『ルツ記 雅歌 コーヘレト書 哀歌 エステル記』（旧約聖書 XIII）岩波書店、1998年、195-196頁の勝村弘也による解説を参照。

13　レビ記 20-21 章を見よ。異教礼拝の神殿男娼が実際にいたことについては列王記上 14:24 など。また、ギリシャ・ローマ世界での異教世界と娼婦の関係についての詳細は、ヴィオレーヌ・ヴァノイエク著、橋口久子訳『図説 娼婦の歴史』原書房、1997年。

14　フィロン『十戒各論』3.51、『ヨセフ』43。しかし、彼の激しい非難は買春をする男に対してではなく、売春をする女に向けられていた。

に酔うことがあろう／異邦の女の胸を抱くことがあろう。」(5:20)と、浮気を戒めている。また、時代は飛ぶが、ラビ文献にも夫婦の間の愛を次のように述べている。「男は言った。愛が強かった時、わたしたちはベッドを刀の刃の上においた。今はわたしたちの愛は弱まり60キュビトでも十分ではない。」(*Sanh.* 7a) つまり、性を楽しむことは悪いこととはされていないが、ここでも性の楽しみは、夫婦の間に限ることが勧められている。

なお、1世紀のユダヤ教でセックスを夫婦間に限定する理由については、次のように考えることができる。異なる宗教や文化に囲まれて暮らすディアスポラのユダヤ人は、他の人々から自分たちを分けるアイデンティティーの確立こそ重要なことと考えていた。では、何をもって他と区別するのか。彼らは律法を遵守する民族として、自分たちのアイデンティティーを確立しようとしたのである[15]。基本的なところでは、性に関する律法を守ることも、ユダヤ人としてのアイデンティティー形成のためであると言えるだろう。

ユダヤ人の性に関する教えの基本は、セックスの唯一の目的は、快楽ではなく、子どもを作るためである。例えば、創世記38:9-10の物語は、子どもを作らないための「避妊」が、「主の意に反した」と述べる[16]。また、フィロンは、『十戒各論』第3巻で、セックスは子どもを作るためのものであること(3.32-33)、したがって、結婚した相手との間であってもセックスをしすぎないよう戒めた(参照、『ヨセフ』43)。同様の言葉は、ヨセフスがユ

---

15 例えば、『アリステアスの手紙』128-171には、食物規定がユダヤ人を異邦人から区別するためのものであることが記されている。
16 ちなみに、この物語から「オナニー」という言葉が生まれた。

ダヤ教の律法を要約するにあたって、「律法は、男性とその妻との自然な結合、それも、子供をつくることを唯一の目的とした結合以外には、いかなる性的関係も認めない」と述べている（『アピオーンへの反論』2.199）。

フィロンやヨセフスは、こういったユダヤの道徳をギリシャ・ローマ世界の道徳と摺り合わせることによって、ユダヤ人が奇異なものとして見られることを避けようとしているのである[17]。例えば、セックスの目的は子どもを作ることというフレーズは、プラトンの『法律』8.838e-39aにも見られる。また、ストア派も同様に考えている。さらに、フィロンの『観想的生活』34には、「克己」（enkrateia）を美徳とすることが見られ（『十戒各論』1.173）、この点がストア派の考えに酷似していることは周知のことである。1世紀のユダヤ人著述家たちは、ユダヤ人同胞を、ストア派のように、生活において性を自制している者として描写したのである。

ユダヤ人の性と結婚についてみてきたが、1世紀頃のユダヤ教は性を抑制しなければならないものと見ていたわけではない。ただ、売買春と姦通だけは、他の周辺文化よりも厳しく見ていたのである。フィロンが性を自制するように勧告したのは1世紀頃のことであるが、これは、ローマ世界全体の風潮が、性を汚らわしいものとしてみるように変化した時代と並行している。こうした

---

[17] このような傾向はフィロンに限ったことではない。フィロンは、ユダヤ人女性が売春婦になることを許さなかった。前1世紀のアレクサンドリアのユダヤ人詩人偽フォキュリデス（pseudo-Phocylides）や『十二族長の遺訓』（前1世紀〜後2世紀ごろの作品）にも同様の傾向が見られる。Countryman, *Dirt, Greed & Sex*, 59.

なかで、パウロは後世における、キリスト教の性道徳の規準として読まれるようになる言葉を書き残したのである。

II　パウロにとっての性と結婚

　性に対する縛りが次第に厳しくなり、結婚という慣習が下層民にゆっくり広がっていく1世紀のローマ世界に、キリスト教は萌芽した。その1世紀の真ん中の50年代に、キリスト教をギリシャ・ローマ世界に広げることに専心したパウロも、性をめぐる風潮の変化の影響を受けたと考えるのが自然である。この節では、結婚について述べているコリントの信徒への手紙一 7:1-7 を中心に、パウロが結婚や性について何を言っているのか見ていこう。

(1) コリントの教会は多様でまとまりがなかった

　まず、7章1節の「男は女にふれないほうがよい」という言葉は、パウロの自身の考えではなく、コリントの霊的熱狂主義者の言葉の引用である。この「コリントの信徒への手紙一」は、パウロがコリントの教会から受けた、いくつかの質問に対する回答として書かれた。この7章も性の禁欲についての質問に対する回答である[18]。

　この手紙を読むと、コリントの教会が考え方の違ういくつものグループを内包した、多様性にあふれた共同体であったことがわ

18　Iコリントの概説については、青野太潮「コリントの信徒への手紙一」、大貫隆・山内眞監修『総説新約聖書』日本基督教団出版局、2003年、223-243 を参照。

かる[19]。この教会には、社会的に貧しい人も社会的地位のある金持ちもいた（Ⅰコリント 1:26-28）。両者は、教会の食事をめぐって対立していた（11:17-34）。また、ユダヤ人ではない人々——「異邦人」と呼ばれる——も多く含まれていた。彼らはユダヤ教に改宗した人々ではなく、もともとは他の宗教を信仰していた人々であった。ユダヤ人のキリスト者と彼らの間には、同じキリスト者同士とは言え、齟齬をきたすことも多かったであろう（Ⅰコリント 12:2）。さらに、この教会では男性だけではなく、女性も積極的に発言をしていたが、それを快く思わない者もいたと思われる（14:34-36）。教会のなかには、分派ができつつあり、お互いに対立していた（Ⅰコリント 1:12; 3:4）。

とりわけ霊的熱狂主義者の台頭は、コリントの教会を分裂の危機に陥れた[20]。彼らは霊の賜物に関心を持ち、自分たちを清く保って霊を求める教会と、穢れに満ちた教会の外とを完全に分離しようとしたのである。また、彼らは自らを清く保つための手だてとして、あらゆる面で禁欲することを唱道した。ちなみに、「男は女にふれないほうがよい」の「ふれる」とはセックスを指す言葉であり、この言葉は性の禁欲を唱道する彼らのスローガンであると考えられる。

---

19 パウロの教会の多様性については、ウェイン・A・ミークス著、加山久夫訳『古代都市のキリスト教——パウロ伝道圏の社会学的研究』ヨルダン社、1989 年、144-204 頁を参照。
20 パウロの論敵を「霊的熱狂主義者」とした点については、H. Conzelmann, *I Corinthians: A Commentary on the First Epistle to the Corinthians* (Philadelphia: Fortress, 1975), 14-16.

(2) パウロは、教会をまとめ、外部と分けられた聖なる共同体にしたかった

パウロがこの手紙において倫理について語るとき、彼は、自分の中で確固としていた一つの倫理的主張を後ろにさげてでも、まとまりのないキリスト者の間に折り合いがつきそうな妥協点を出そうとしていたのである[21]。そこで、彼が性の倫理に関して打ち出したことは、次の二つである。第一に、教会の内と外を区分する境界線の策定したこと。第二に、「性的不品行」(porneia) を、教会の内にいるものが避けなければならないものとしたことである。

パウロは教会の成員同士の結びつきを強め、教会内部と外部の違いを明確にすることによって、コリント教会を分裂の危機から救い出そうとした。これには、ユダヤ人と異邦人との間の溝を埋めることが最も早急な課題であった。ユダヤ人は、イエス・キリストを信仰してからも、割礼・食物規定・偶像崇拝から離れるといったユダヤの慣習を守り、それを守らない異邦人とは一線を画していたからである。

ユダヤ人と異邦人の間に交流を妨げる溝——それは、ユダヤ人の清めの慣習なのであるが——を埋めるため、ユダヤ人であるパウロは、偶像崇拝から離れることと、後に述べる性的不品行を避けることを、異邦人のキリスト者にも要求した[22]。パウロ

---

21 ここで言う倫理とは、「キリスト者としての生き方・処し方」といった程度の意味で用いている。
22 Ⅰコリント 5:9; 6:18; 10:8; ガラテヤ 5:19。あわせて、使徒言行録 15:20, 29 の「使徒教令」、パウロの名による手紙であるエフェソ 5:3; コロサイ 3:5 も参照。

は生活面でのキリスト者のふるまいの基準としてⅠコリント 5:11 と 6:9-10 に「悪徳表」を挙げている。5:11 では、最初に性的不品行が槍玉にあがり、三番目に偶像崇拝があがる。6:9-10 でも性的不品行が表の最初に挙げられ、次に偶像崇拝が挙げられている[23]。このように異邦人をユダヤ人に同化することによって、パウロは異邦人とユダヤ人との間に「なんの差別もない」(ローマ 3:22; 10:12) 状態を教会内に作りだそうとしたのである[24]。

性的不品行と偶像崇拝を避けることを、異邦人もユダヤ人もキリスト者として遵守しなければいけないとしたことは、教会の成員と外部者とを分ける証しにもなった。ギリシャ・ローマ世界には、ユダヤ教が偶像崇拝と規定するものにあふれていた。また、性的不品行に含まれる買春行為や不倫は、異邦人にとってはそれほど深刻な不道徳とは見られていなかった。これは、自分と同じ民族の宗教行為や楽しみから離れなければならないとことを意味する。しかし、これらの規定によって、キリスト者は異邦人であってもユダヤ人であっても、自分たちが「キリスト者」であることを表明する手だてを得たのである[25]。

さて、「性的不品行」と訳した porneia というギリシャ語は、なかなか定まった訳語がない。これはⅠコリント 7:2 にも出てくるが、新共同訳では「みだらな行い」と、新改訳・口語訳・岩波

---

23 悪徳表は、他のパウロの手紙にもみられる (cf. ローマ 1:19-27; ガラテヤ 5:19-20)。
24 この点は、E. P. サンダースの見解に同意する。参照、E. P. サンダース著、土岐健治・太田修司訳『パウロ』(教文館、1994 年)、210 頁。
25 パウロは、教会が清い共同体であることを願った。そして、その成員は異教世界とは分離された聖なる人であって欲しいと望んでいた。この点は、この手紙より先に書かれたⅠテサロニケ 4:7 から読み取れる。

訳では「不品行」とそれぞれ訳出されている。では、その「みだらな行い」「不品行」とは、具体的にどういうことを指していたか。また、パウロにとってどうであったかということは重要である。

ギリシャ語の辞書によると、この言葉は、買春や不倫といった、不法なセックスや近親婚などの法や慣習で禁じられた結婚を指して用いられていることがわかる[26]。パウロがこの言葉の意味に買春を含めて用いていたことは、直前のⅠコリント 6:12-20 で買春行為を禁じる勧告のなかに、買春を porneia と呼んでいることから明らかである (13, 18 節)。買春を「性的不品行」とするパウロの立場は、ディアスポラのユダヤ人の慣習に依拠している[27]。また、Ⅰコリント 5:1 では、近親者——この場合は「父の妻」(おそらく継母) ——と一緒に暮らしていることが porneia とされている。これも旧約の律法に示された道徳である (レビ記 18:8; 申命記 23:1; 27:20)。他にも、Ⅰコリント 6:9 を見る限り、同性愛行為も porneia に含めていたと思われる。ユダヤ人の法や慣習から見て逸脱したセックスが、porneia という言葉でひとくくりにされているといってよい。

偶像崇拝と性的不品行は避けることは、異邦人であろうとユダヤ人であろうと、キリスト者であるための印であった。それは教会のなかにいる者にとって、同じキリスト者であるかどうかを見きわめる印であった。また、教会の外、とりわけギリシャ・ローマ世界では、まだ彼らの言う性的不品行は、深刻な逸脱行為としては見られていなかったのだから、これらを避けるということ

---

26 Bauer や Liddell-Scott のギリシャ語—英語辞書を参照。
27 ヨセフス『古代誌』4.206, 245、フィロン『十戒各論』3.51、『ヨセフ』43 等の文献を参照。

は、社会に対して自らがキリスト者であることを証しすることにもなったのである。では、性的不品行を避けよというパウロの勧告は、「セックスをするな」という霊的熱狂主義者の主張に掉さしたということなのだろうか。

(3) パウロはセックスは夫婦間でのみ営まれるものと考えた

「しかし、みだらなおこない（porneia）を避けるために、男はめいめい自分の妻を持ちなさい。」（Ⅰコリント7:2、括弧内は著者による挿入）を見れば、パウロがコリントのキリスト者に独身主義を勧めていないばかりか、結婚を控えめながらも勧めていることは明らかである。

パウロ自身は独身であり、キリスト者にとって独身があるべき姿であると考えていたことは、この手紙のそこここから窺い知ることができる（Ⅰコリント7:7, cf. 7:28, 32-35, 38）。パウロが独身を勧めるのは、彼がこの世は今にも終わろうとしていると考えていることに由来しているからである（Ⅰコリント7:29, 31）。世の終わりが切迫した時代にあるにもかかわらず、結婚なんかしてしまうと、主のことよりもお互いのことに心を配り、「心が二つに分かれて」しまうではないか（Ⅰコリント7:32-34）。これがパウロの本音であろう。

しかし、これでは霊的熱狂主義者と似た立場に立ってしまい、これに対立する人たちはパウロに対しても反発する可能性が出てくる。また、教会は家制度の上に成り立っているのに、独身主義をキリスト者に勧めれば、その家制度を否定することになってしまう。これでは教会の衰退は明らかである。さらに、完全独身主義の共同体になってしまうと、外部世界とは完全に隔絶してしま

う。これはパウロの意図するところではない (5:9-10)。そこで、彼は自分の立場を後退させて、コリントのキリスト者全員が納得できそうな妥協点を模索したのである。

彼はキリスト者が結婚する理由を、「みだらな行いをさけるために」と明示し、独身主義を貫こうとする霊的熱狂主義者を納得させようとしている。結婚は性的不品行を避けるための手段である。人間が自分を抑制できず、情熱で身を焦がすのはごく自然のことである（Ⅰコリント 7:9）。だから、夫婦はお互いの体を支配し、互いに性的満足を与え合うべきではないか、とパウロは考えたのである (7:3-4)。

この勧告の背後には、セックスは、子どもを作ることが目的とする考えもあったはずである。この考え方はユダヤ教の伝統であり、ギリシャ・ローマ世界の考えとも矛盾していない[28]。ただし、パウロは、夫婦間のセックスの動機に快楽があってはならないとは言っていない。

また、パウロは、祈りの期間中だけ、夫婦の間でセックスを抑制することがあってもよいと考えた (7:5)。これは、ユダヤ教の考えにも見られることである[29]。それは二人が「納得しあったうえで」・「しばらく」の間という条件がついている。夫婦であるの

---

28 ユダヤ教の伝統についてはフィロン『十戒各論』3.34-36; ヨセフス『アピオーンへの反論』2.199-200;『ユダヤ戦記』2.160;『十二族長の遺訓』「五男イッサカル」2:3 等、参照。ギリシャ・ローマ世界の考えについては、Peter Brown, *The Body and Society* (New York: Columbia University Press, 1988), 33-34 にいくつか史料があげられている。

29 『十二族長の遺訓』に「妻と交わる時があり、祈りのために節制する時がある。」という言葉が残されている（八男ナフタリ 8:8,『聖書外典偽典 5 旧約偽典 3』(教文館、1976) の笈川博一・土岐健治の訳より）。

に、夫婦でないかのようにセックスを制限することを永続させることは、パウロの望みではなかった。

つまり、パウロは、セックスは結婚という枠のなかで行われるべきで、そうでないもの——買春や不倫——は、制限されるべきだと考えたのである。ただし、これはコリント教会の分裂の危機を回避させるために出された勧告で、彼の本音は切迫した終末観による独身主義である。

(4) 夫婦愛を説いたのはパウロではなく、パウロの名をかたった者である

私たちの多くは、結婚は恋愛のゴールであり、夫婦愛のスタートと考えている。事実、キリスト教の結婚式で語られるメッセージも、そういったものが多い。しかし、それは、パウロ自身の考えと随分と違っている。では、結婚と愛を結びつけたのは、誰なのであろうか。

新約聖書には、確かに結婚を愛と結びつけて述べる言葉がある。結婚式で頻繁に読まれるエフェソの信徒への手紙 5:21-33 は、妻には夫に仕えるように、夫には妻を愛すように勧告している。ここでは、キリストが教会を愛したように(25節)、また、自分の体のように(28節)妻を愛すことを繰り返し勧めている。このほかにも、コロサイの信徒への手紙 3:18-19 には、一般的に「家庭訓」と呼ばれているものがある。この家庭訓に基づいて、キリスト教は「家族のあるべき姿」を描いた。ここには「妻たちよ、主を信じる者にふさわしく、夫に仕えなさい。夫たちよ、妻を愛しなさい。つらく当たってはならない」と勧められている。

エフェソ書もコロサイ書も、その冒頭でパウロが書いたとある

が、おそらく誰かがパウロの名前を使って書いた偽書と、一般的に考えられている。また、エフェソ書は、コロサイ書と多くの箇所で重複していることから、コロサイ書を下敷きにして書かれたものと考えられる。夫婦愛を説く言葉は、パウロの手紙ではなく、パウロの名による手紙において見られる。言い換えると、愛にもとづいた結婚・夫婦愛による家族をキリスト教の道徳としたのは、パウロ自身ではなく、パウロの流れを汲む者と言えるのである。

ま と め

　ここまでの考察を総括する。コリントの信徒への手紙一を書いたとき、パウロは、ユダヤ人と異邦人によって多様化するコリントの教会に調和をもたらすことと、外部と明確な境界性を引いて、キリスト者としてのアイデンティティーを新たに作ることに関心を持っていた。そこで、ユダヤ人も異邦人もともに、偶像礼拝と性的不品行から分離することによってキリスト者であることを示すように勧めた。しかし、パウロは独身主義であり、終末が近づいているという切迫感から、必ずしも結婚しなければならないとは考えていなかった。結婚は、彼にとって、性的不品行に触れないための手段にすぎなかった。現代の人々が考えるように、結婚が二人の愛の結果であるという理解は、パウロ自身にはなく、コロサイの信徒への手紙やエフェソ人の信徒への手紙を書いた「パウロの名をかたる者」によってであった。

　ここでは、このように聖書を歴史的に読むことによって、キリスト者が性の倫理を考察するための前提となる歴史的基盤を据え

たのである。キリスト者は倫理について議論する時、しばしば「聖書にこう書いてあるから、こうすべきである」という意見の言い方をする。しかし、このようにパウロの言葉を権威ある言葉としてそのまま抜き出して、異なる立場の者たちを黙らせるようなやり方はあってはならない。というのも、パウロはある状況のなかで、コリントの人々の問いに耳を傾け、考え抜いた果てに、こういう答えを出したのである。パウロは自分の意見が何千年もたってからも、文字どおり受け取られるとまでは思ってもいなかったであろう。であるから、私たちもパウロに倣うとするならば、今この状況のなかで、問題を冷静に見る目を持ち、慎重に答えを出していくしかないのである。

第5章　イスラームにおける愛の諸相

後藤裕加子

I　『クルアーン』が説く愛

　イスラームは、ユダヤ教やキリスト教と同じく、西アジアで誕生したセム的一神教のひとつである。イスラームの預言者ムハンマドはアラビア半島の商業都市メッカで生まれた。メッカは6世紀後半に洋の東西を結ぶ遠距離交易の中継地として繁栄し、ムハンマドも啓示を授かる以前には、自らシリア方面などへの隊商交易に従事したといわれる。イスラームはこのような歴史的背景のなかから誕生し、その信仰や思想を発展させていった。

　イスラームは先行宗教であるユダヤ教、キリスト教の影響を受け、7世紀前半に誕生した。これらの先行宗教の信徒はイスラーム教徒同様に神から啓典を授かった「啓典の民」として扱われ、彼ら異教徒に課される税金を支払うことによって、イスラームの信仰共同体のなかで信教の自由を認められた。またイスラームの特徴として、信仰は神と人との一対一の契約関係として捉えられる。神と人との間に仲介者は存在せず、イスラーム共同体に属す

る者は神の前ではみな平等とみなされる。このような神と人、および人間同士の関係性は、イスラームの愛についての考え方にもあらわれる。

　すべての存在が唯一神（アラビア語でアッラー）から由来するように、愛の根源もアッラーであり、よって愛の主体となるのもまたアッラーである。『クルアーン』は預言者ムハンマドに啓示された神の言葉をまとめたものであるが、『クルアーン』のなかでは、なによりもアッラーの人間への愛が繰り返し強調される。

　例えば、愛の主体であるアッラーは、人間を愛し、人間に愛することを教える。「アッラーに愛されアッラーを愛（する人たちを興し）」(5:54)、モーセには「愛をそそぎかけ」(20:38)る。そして、「（もしもアッラーを愛しておるなら、）このわし（ムハンマド）に従ってこい。そうすればアッラーもお前たちを愛し、お前たちの罪を赦して下さる」(3:31)と説く。

　アッラーの愛は、その美名にもあらわれる。アッラーは99の美名を持っているが、そのうちのひとつは「愛する者（ワドゥード）」である。そして、「一切を赦し、一切を愛しみ給う」(85:14)、「神様は、それは慈悲深くて、愛にみちたお方だから」(11:90)とあるように、ワドゥードとしてのアッラーの属性は、情け深さや赦しと関連づけられている。

　他の美名からもわかるように、アッラーは「慈悲ふかき者（ラフマーン）」であり、また「慈悲あまねき者（ラヒーム）」である。『クルアーン』の最初の章である開扉の章（ファタハ）にも、「慈悲ふかく慈愛あまねき御神」とあり、『クルアーン』の全114章の各章は、「慈悲ふかく慈愛あまねきアッラーの御名において」という文言で始まる。『クルアーン』が描き出すアッラーは、情けや

慈悲をもって人間を愛する存在なのである。

　　信仰に入って善行にいそしむ人々、そういう人々にはお情けぶかい御神が必ず慈愛をかけて下さろう。(19:96)

　　またこう言うがよい、「アッラーと、その遣わし給うた使徒（ムハンマド）の言いつけをよくきけよ」と。だが、もし彼らが背を向けるなら、よいか、アッラーは信仰なき者どもはお好きでないぞ。(3:32)

　以上の『クルアーン』の引用からもあきらかなように、イスラームにおいては、愛は常に信仰と密接に結びつけられる。そしてアッラーと人間との相互関係において、主導権を握るのはアッラーであり、両者の関係は一種の父子関係と捉えられよう。それではこのような神と人間との愛情関係において、人間はどのように振る舞うことが期待されているのであろうか。
　イスラームにおいては、信仰は日常の具体的行為によって実践されなければならない。例えば、そのような具体的行為のうち、神への奉仕に関わるものを簡潔にまとめた箇条として六信五行というものがある。六信とは、アッラー、天使、啓典、預言者、来世、予定の6つを信じること、五行とは、信仰告白、礼拝、喜捨、断食、巡礼を行うことである。これらの諸箇条については、『クルアーン』で繰り返し言及されるが、当然の帰結として、アッラーの人間に対する愛の基準は、人間の行為に向けられる傾向が出てくる。「まことに、アッラーは身心の浄らかな人々」(9:108) や、「公正な人間がお好き」(60:8) で、「神を懼れて信仰を深め」、「善行に励む人間を愛し給う」(5:93)。他方でアッラーは「不義なす者ども」

(2:190)や「罪業深い無信仰者」(2:276)は好まない。

　もちろん愛は人間の他人への、または他の創造物への愛着をあらわす感情でもある。このような人間の愛情は『クルアーン』のなかでは、やはりあくまでも信仰の裏打ちを必要とする。人間は他の人や物への愛着にとらわれやすい存在とされ、人間は本来、アッラーのお恵みとお情けによって「信仰を好きにならせ、気に入らせ、無信仰と邪曲と不従順を嫌いに」(49:7)なるようにされているにもかかわらず、「財産を愛するその愛のすさまじさ」(89:21)とアッラーが非難するように、ほとんど欲望ともいえるような愛情を神以外の対象に抱いてしまう。これは人を破滅に導くが、一方で神への愛と信仰に生きる者には、神からの救済が与えられる。このような愛情の二方向性を示す啓示に、次のような章句がある。

　　人間の目には、さまざまな欲望の追求こそこよなく美しいことのように見えるもの。女だとか子供だとか、また積み上げられた金銀の山、立派な馬、家畜、それに田畑。だがこのようなものはみな現世の楽しみにすぎぬ。本当に素晴らしい拠りどころはアッラーのお傍にだけある。(3:14)

そして、「忍耐強くて、正直で、従順で、喜捨を好み、夜が明けたと思うともう神様に罪の赦しをお願いし始めるような人たち」(3:17)には、天上の楽園が用意されている。しかしアッラーの愛情に背いて不信心や不義を行った者には、アッラーは大変厳しく対処する。彼らは滅ぼされ、地獄に落とされてしまうのである。

　『クルアーン』には人間同士の愛についての言及がほとんどなく、これがどのように理解されるのかは不明である。ただ、すでに述べてきたように、それが信仰と結びつけられることにはか

わりない。『クルアーン』にも頻繁に説かれるように、信仰の実践を重視するイスラームでは、孤児の救済・喜捨・奴隷の解放など、弱者保護の必要性が強調される。これはムハンマドが幼くして両親を亡くした孤児であったことと無関係ではないだろう。イスラーム共同体において、人間は皆平等な同朋であり、相互に扶助を行うことは自明の理なのである。

　一方、信仰と愛が結びつくことによって、不信心者や異教徒に対して厳しい面がみられるのも事実である。正しい信仰を持つ者が愛するのは、信者の者たちのみである。「アッラーと使徒に楯突く」ような不信心者は、「人間の中でも下の下」(58:20) であり、不信心者を愛することは、不信仰につながる。イスラーム教徒は無信仰者に対して、彼らが「宗教上のことで」戦いをしかけたり、住居から追い出すなどの、敵意を見せない限りにおいて善と正義を為すことができるが、イスラームに敵対する無信仰者を仲間にするような者も、不信心者とみなされる（『クルアーン』第58章「言いがかりつける女」）。

　神は唯一絶対者であり、愛の泉源である。すべての愛情は神から発し、人間同士の愛情や人間の他の対象への欲望も、すべては神へと還るのである。

Ⅱ　イスラーム神秘主義が希求する神への愛

　『クルアーン』が神と人間との間の愛情関係において、もっぱら神から人間への愛の深さを説くのに対して、人間から神への愛という、逆の方向性から人間の愛の主体性を強調したのがイス

ラーム神秘主義（スーフィズム）である。

イスラーム神秘主義は9-10世紀頃、アッバース朝（750-1258）の最盛期にイスラームの学問が発展・確立したのと同時期に隆盛した思想潮流である。東は中央アジアから西はイベリア半島までの広大なイスラーム世界を統合する存在であったアッバース朝が、首都バグダードを中心に中央集権化を進めると、それにともなってイスラームの学問、特に社会秩序を規定する法学が法学派というかたちで体系化され、政権を制度面・思想面から支える存在になっていった。それは同時に信仰の権威化・形骸化につながることになった。そのような政治・社会状況において、形式を重視する信仰形態への危機感を募らせ、内なる信仰を希求する人々があらわれた。禁欲的な修行を通して神との合一を求める神秘主義者（スーフィー）の登場である。

イスラーム神秘主義はもともと禁欲主義に端を発している。禁欲主義においては、神に対する恐れ、最後の審判への恐れの思想が根底にあったが、やがて禁欲的な修行はあくまでも人間が神に接近するための手段として捉えられるようになった。スーフィーは礼拝や瞑想などの修行によって神以外の一切のものへの執着を断ち切り、ひたすら神を求めるように努力することにより、忘我の状態に達し、神との合一に至ることを目指す。この神との合一こそ、スーフィーの神への愛の究極の目的であり、このとき人間から神への愛は激しさを増し、マハッバからイシュクへとかわる[1]。

---

[1] マハッバは一般的・包括的な愛や愛着を意味するアラビア語で、『クルアーン』でも使用される。イシュクは本来、主に男女間での情熱的な愛を意味するが、イスラーム神秘主義では、スーフィーの神に対する激しい愛

イスラーム神秘主義においては、最高の快楽は神を知ることであり、人間にとっての真の愛の対象は神である。イスラーム神秘主義が神と人間との間の愛情関係において人間の主体性を認めたことは、イスラームの思想にひとつの画期的な変革をもたらしたといえよう。

Ⅲ　男女間の愛と結婚

人間同士の愛情関係で大きな比重を占めるもののひとつは、異性間の愛情であろう。しかしながら、『クルアーン』には男女間の愛情についての言及はほとんどない。

> アッラーこそはただ一人の人（アダム）から汝らを創造し、また彼の心の安らぎのためにそ（の肋骨）から妻を作って下さったお方。(7:189)

上の引用からわかるように、イスラームの考えでは、男女は元来ひとつの存在であって、結婚はその統合を再確立することを目的とする。現世においては、結婚はひとりの男性とひとりの女性が家庭を形成・維持することを目的に、社会的・合法的に認知されるかたちで、独立して一緒になることを意味する。結婚は子供の誕生によって共同体の再生産を保証し、共同体内の個人や諸集団の結びつきを強化する手段でもある。イスラームは女性の財産

を意味する。ちなみにイスラーム神秘主義に最初に神への純粋な愛という観念を持ち込んだのは、女性の神秘主義者ラービア（714-801）であるとされる。彼女は生涯独身で神への愛を多くの神秘主義詩に詠んだ。

相続など、当初からある程度女性の権利を認めた画期的な宗教であったが、7世紀前半のアラビア半島では総じて女性の地位は低く、そのような社会状況にあって、結婚は共同体内の女性成員を援助・保護する制度ともなった。

　イスラームにおいて、貞節は信徒に求められる重要な美徳のひとつである。不倫や婚前交渉など、非合法な性交渉は厳しく罰せられる。そこで結婚は合法的な性交渉の機会を与える手段ともなる。社会制度的には、イスラーム共同体における家庭は、夫たる男性は外で働き、妻たる女性は家で家事という、はっきりした役割分担が割り当てられた、社会の最も基本的な最小単位である。『クルアーン』に「お前たちの中でまだ独り身でいる者、お前たちの奴隷や小間使いで身持ちのいい者は結婚させてやるがよい」(24:32) ともあるように、結婚は共同体の成員すべてにとって望ましいとされる行為である。婚姻は男女の間に交わされる法契約であり、家庭の成立を保障する制度なのである。イスラームには厳密な意味で聖職者は存在せず、イスラームに関する諸学問を修めた知識人はウラマーと呼ばれるが、彼らにもカトリックの聖職者のような非婚の縛りは全くない。

　一方、イスラーム神秘主義では、スーフィーは結婚すべきがどうかという議論があった。初期にはスーフィーは修行のためには独身のほうがよい、という見解がみられた。賛否の議論を体系化し、修行の実践の問題と結びつけて、妻との生活が神への信仰の妨げにはならず、むしろそれへと促すものであるとして、結婚生活を肯定的に論じたのが、偉大な思想家ガザーリー (1058–1111。ラテン名アルガゼル) であった。ガザーリーは婚姻の利点として、子孫を残し、血縁関係を作ること、合法的な性交によって、欲望

を消滅させること、妻との交流によって、疲れた魂を安らかにすること、妻が家事をしてくれることによって、夫が学んだり働いたりする時間ができること、妻と子供を養うために努力する、という5つの功徳を挙げている (青柳:2004:122, 129)。

『クルアーン』に、「(信徒は) 主よ、どうか我らに心温まる妻子を授け給え。(と祈る)」(25:74) とあるように、家庭は夫に安らぎの場を提供すると考えられている。しかし、『クルアーン』にしてもスーフィーの婚姻論にしても、妻が夫に安らぎを与えることを認めてはいても、夫から妻への精神的な寄与や夫婦同士の愛情については触れていない。では、法や制度を越えたこところでの夫婦や男女間の愛は、どのように捉えられるのであろうか。

『クルアーン』では、結婚に関する章句は、法的なものに関する言及がほとんどである。イスラームではひとりの男性は4人まで妻を持つことができる。そのためにはそれぞれの妻を生活面で公平に扱うことができることが条件となるが、愛情はこの条件のなかには含まれていない。

> れっきとした神兆の一つではないか、お前たちのために、お前たちの体の一部から妻を創り出し、安んじて馴染める相手となし、二人の間には愛と情を置き給うたとは。(30:21)

上に引用した章句は男女間の愛情について示唆した数少ない章句のひとつである。ムハンマドが15歳近く年上だった最初の妻をとても愛し、信頼していたことは、よく知られているし、『クルアーン』も男女間の愛情を否定するものではない。しかし、信徒の日常生活の規範を示す指南書的な性格を持つため、いきおい、現世的な愛情、特に異性間の愛情という、簡単には割り切れない、

世にも深淵かつ複雑な問題については、模範解答以上のものを求めるのは難しいといえよう。

IV イブン・ハズム『鳩の頸飾り』

　愛情について論じた著作や男女の愛を描いた世界の文学作品には、結婚前の恋人同士や婚姻関係にない男女の恋愛を取り扱ったものが多いのではないだろうか。結婚という正式な手続きに則った男女の結びつきを重んじるイスラーム世界では、近代以前には男女の恋愛を主題に、生き生きと著わしたような叙述作品あまりみられない。もちろん愛はアラブ文学やペルシア文学の主要なテーマであり、『ホスローとシーリーン』[2]や『ライラとマジュヌーン』[3]のような有名な悲恋物語もあるが、描かれるのはイスラーム神秘主義的・観念的な愛であり、マジュヌーン（狂人）が追い求める恋人ライラの幻影は神の寓意なのである。そのようなイスラーム文学史に特別な地位を占める恋愛論がある。それが、イブン・ハズム（994-1064）の『鳩の頸飾り』である。

　イブン・ハズムはコルドバ生まれの知識人で、神学者・法学者・

2　イランの神秘主義詩人ニザーミー（1141-1209）作の叙事詩。ササン朝の王ホスロー2世と美女シーリーンの悲恋物語。

3　主人公のカイスは恋人ライラの名前を詩のなかに詠ってしまったため、ライラの家の名誉を傷づけ、そのために求婚を拒否される。ライラが他家に嫁いだ後も、カイスは恋人を忘れられず、彼女の幻影を追い求め、狂ったように砂漠を彷徨う。夫と元恋人の板挟みになって苦しんだライラは衰弱死し、カイスも後を追う。『ホスローとシーリーン』と同様に、ニザーミーの作品化によってイスラーム世界に広く親しまれた悲恋物語。

歴史家として多くの著作を残した。後ウマイヤ朝 (756-1031)[4] の末期に起こった内戦に巻き込まれ、イベリア半島の各地を放浪した。その間には政治家としても活動している。1022年頃に、人に勧められて独自の恋愛論『鳩の頸飾り』を執筆した。彼は宰相を父に持つ、恵まれた家庭に生まれ、ハーレム（後宮）で女性たちに囲まれて育った。彼に初期教育を施したのもハーレムの女性たちで、男性視点の偏った女性観に陥ることもなく、自らの経験や道徳観に基づき、恋に落ちた人間の繊細な心理を巧みに描き出している。

イブン・ハズムは生涯で400種にのぼる専門書を著わしたという。『鳩の頸飾り』は青年期の不遇時代に手慰みに書いたといわれるが、イブン・ダーウード (868-910)[5] の恋愛論『花の書』とプラトンの『饗宴』を下敷きにした本格的な著作である。オランダのライデン図書館に唯一現存する写本が19世紀にヨーロッパの学会に紹介されたことによって、広く世に知られるようになった。

『鳩の頸飾り』は序章、全30章の本論、終章からなる。随所に挿入される実体験や見聞に基づく逸話は、様々なシチュエーションに分類され、各論を展開するための事例として紹介される。本

---

4 アッバース朝がダマスクスを首都とするウマイヤ朝（661-750）を滅亡させ、イラクを中心とする王朝を建国したとき、亡命したウマイヤ家の末裔がイベリア半島に建設した王朝。首都はコルドバで、西方イスラーム世界の文化の中心地となった。
5 父は9世紀のバグダードで活躍した高名な法学者で、ザーヒル派の創始者ダーウード・アッザーヒリー。自らも同派の法学者として活躍するかたわら著作活動を行った。『花の書』は『鳩の頸飾り』とともに、イスラームにおける愛の研究には欠かせない重要な作品である（邦訳はない）。イブン・ハズムも熱心なザーヒル派信奉者。

論はおおまかに3つのテーマに分けられ、主に前半の章は愛（フッブ）の諸原理について論じており、愛の始まりが描写される。中盤は愛の属性、その善き特性、悪しき特性について論じ、愛が育まれる過程で生じる様々なドラマが紹介される。終盤では愛にふりかかる災難や、そこで役割を担うものたち、愛の終わりまでが語られる。こうしてみると、本書そのものがひとつの恋愛物語を読むようである。

　それでは、中世の西方イスラーム世界の知識人が愛をどのように捉えていたか、『鳩の頸飾り』の内容からいくつか紹介しよう。

　第1章「愛の本質について」では、イブン・ハズムは愛は似た魂を持つふたりの人間の間に生じるものであると説く。愛とは、「本来の棲処である上部の世界において魂の力がたがいに類似し、その組成が酷似している」魂が、「現世において切り離され」、その諸部分が「本来の高貴な要素」において結合することである[6]。そして魂の合一という真の渇望に根ざす愛は、衰えたり、消滅することはない。

　イブン・ハズムは愛にはさまざまな種類があるといい、家族愛、友人同士の愛、共通の目的を持つもの同士の愛、秘密を分かち合う者同士の愛、快楽や欲望を満たすための愛、など、さまざまな愛のかたちを挙げている。『鳩の頸飾り』は主に男女間の恋愛を扱ってはいるが、イブン・ハズムはそれに留まることなく、愛をより普遍的なものとして捉えていることはあきらかであろう。

6　イブン・ハズムはまずイブン・ダーウードを支持しないことを言明した上で持論を展開する。イブン・ダーウードの説では、アッラーによって球形に創られた魂が二分され、別々の肉体に置かれたため、かつてひとつであった魂の他の半分を持つ肉体に出会うと、強い愛情を覚えるという。（『鳩の頸飾り』pp. 9-10, 19-20.）

イスラームの細密画
「宮廷の恋人たち」

　イブン・ハズムは非常に多彩な比喩を散りばめ、ある意味即物的な表現を好む傾向がある。面白いのは、彼が愛を主体と対象のふたつに分類し、その両者を鉄と磁石に例えるところである。愛の主体となる恋人（ムヒッブ＝愛を抱く人）は鉄で、恋人は運動が力強く、類似のものを求め、それに牽引される。一方、愛の対象となる愛人（マフブーブ＝愛される人）である磁石は、強度・純度、つまり愛情の強さにおいて鉄には及ばない。本来、ふたつの魂が抱く愛の量は等しいが、種々の属性や現世的な性質の蔽いに取り囲まれているため、両者の間に差が生じるのである。

　第2章「愛の徴候」からは、恋人が何らかのきっかけで、ある対象に深い愛を抱くようになり、愛が始まり、さまざまな過程をへてそれが成就、または断絶するまでが描写される。その恋愛の

過程での主体はあくまでも恋人である。誠実さは恋人に不可欠な条件であり（第22章「誠実さ」）、恋人は愛人に嫌われても会うことに努め、心の満足を得るようにしなければならない（第14章「従順」）。恋愛にはさまざまな妨害者や助力者が存在するが、愛が成就することは、アッラーにより定められた最大の恩恵であり、どんな快楽も愛の成就がもたらす喜びには及ばない（第20章「愛の成就」）。しかし、よろず始めのあるものには終わりがあるように、愛は最後には死により断ち切られるか、忘却により忘れ去られる（第27章「忘却」、第28章「死別」）。

30歳になる前の若者が書いたとは思えない随分虚無的な結論だが、イブン・ハズムは20歳前に相思相愛の初恋の女性と死別するという悲痛な体験をし、イベリア半島の政治的混乱の影響で、執筆の時点ですでに投獄や放浪などの辛酸を嘗めたので、このような恋愛観に至るのも当然かもしれない。

最後の2章、第29章「罪の卑しさ」、第30章「貞節の美徳」で、イブン・ハズムは『クルアーン』からの豊富な引用を行いながら、彼の恋愛論を総括する。彼は人間のうちに、理性と魂のふたつの対立する本性をみる。理性は公正さによって導かれ、人間を美しいものへと誘い、アッラーの意に叶うようにするが、魂は快楽を導き手とし、人間を悪しきものへと誘う。こうして本能に従い、悪魔に味方して欲情のままに行動する者は愛においても罪を犯す。理性が魂より優位に立つと、人間は正義の道を辿るが、魂が理性を支配すると、人は滅亡の谷間を転げ落ちる。

彼の提示する人間の愛の二方向性や人間観・価値観は、基本的に『クルアーン』の論に則ったものであり、『クルアーン』に忠実に法解釈を行う法学派として知られるザーヒル派法学の専門家

として、イブン・ハズムの道徳観・恋愛観が最も顕著にあらわれた部分であろう。ただし、欲望を抑えられるかどうかには男女の別はないとし、激情を女性特有とする『クルアーン』とは異なった見解も述べている。敬虔なイスラーム教徒のイブン・ハズムは、女性に囲まれて育ち、若くして豊富な知見を得るなかで、必ずしも法学で人間を杓子定規に規定するようなことはせず、柔軟に生きた人間の描写を行ったのである。

　イブン・ハズムが人生を送った後ウマイヤ朝の末期は、上流社会では廃退が進み、貴族趣味が横行していた。そのような社会で乱世に翻弄されて生きたイブン・ハズムは、彼が身近に見聞きし、自身が体験した様々な愛情ドラマを『鳩の頸飾り』のなかに鮮やかに描き出した。彼の恋愛論はさまざまな宗教規制に縛られた、堅苦しい社会と思われがちのイスラーム世界にも、豊かな恋愛文化が存在することを我々に教えてくれるのである。

【参考文献】

井筒俊彦訳（1957-1958）：『コーラン』全3巻、岩波文庫（初版）。
イブン・ハズム（1978）：黒田壽郎訳『鳩の頸飾り』岩波書店。
ニザーミー（1977）：『ホスローとシーリーン』岡田恵美子訳、平凡社。
ニザーミー（1981）：『ライラとマジュヌーン』岡田恵美子訳、平凡社。
青柳かおる（2004）：「ガザーリーの婚姻論 ― スーフィズムの視点から」、『オリエント』47:2, 120-135頁。
井筒俊彦ほか（1988）：『岩波講座東洋思想4 イスラーム思想2』岩波書店。
小杉泰（1994）：『イスラームとは何か ―その宗教・社会・文化』講談社現代新書。
東長靖（1996）：『イスラームのとらえ方』（世界史リブレット）山川出版社。

中村廣治郎 (1998):『イスラム教入門』岩波新書。

Denis Gril (2003) : Love and Affection, in J. D. McAuliffe (ed.), *Encyclopaedia of the Qur'ān*, III, Leiden-Boston, pp.233-237.

Harald Motyki(2003) : Marriage and Divorce, in J. D. McAuliffe(ed.), *Encyclopaedia of the Qur'ān*, III, Leiden-Boston, pp.276-281.

M. Arkoun (1978) : 'ishk, in H. A. R. Gibb et al. (eds.), *The Encyclopaedia of Islam (New Edition)*, IV, Leiden, pp.118-119.

第 6 章　パスカル『パンセ』における「愛」

山上浩嗣

は　じ　め　に

　ブレーズ・パスカル（1623-1662）の名は、その数学・物理学における数々の業績のほか、人間の本性に関する独自な観察を含む著作『パンセ』によって、一般にもよく知られている。
　「人間は一本の葦にすぎない。しかしそれは考える葦である。」
　「人生とは、少しは一貫性のある夢である。」
　「人間の不幸のすべてはただひとつ、部屋にじっとしていられないということから生じる。」
　『パンセ』が多くの読者を魅了してきたのはおそらく、このような歯切れのよい断言のなかに、時と場所を超えて、なるほどその通りだと思わせるふしぎな力がひそんでいるからだろう。
　パスカルは晩年、キリスト教の真理性を説き、読者をその信仰へと誘う論考の執筆に専念していた。『パンセ』の大部分は、パスカルの早すぎる死によって日の目をみることがなかったその著作――仮に『キリスト教護教論』と呼ばれる――を書き進める過

程で蓄積された草稿の断片からなる。『パンセ』の犀利な寸言の数々も、このような背景を考慮して読めば、また異なった趣きを呈するはずである。

　実のところ、『パンセ』には、同時代のキリスト教徒の一部にも受け入れられなかった、冷厳で暗澹たる人間観が横たわっている。ましてやそれは、著者の死後三世紀以上を経た現代に生きるわれわれには、極端に異様なものと感じられる。そしてそのような人間観が、本著に見られる「愛」の観念にとりわけ顕著に現れているように思われる。

　本論では、『パンセ』のいくつかの断章に基づいて、その事情について詳しく考察していく。それに際して、パスカルにおける愛を、便宜のためにその対象によって四つに分類し、順に検討していこう。すなわち、「神への愛」、「邪欲」、「自己愛」、「他者への愛」である。

I　神への愛

1　「三つの秩序」と「神への愛」

　下の文章は、「身体」「精神」「愛」という「三つの秩序」について述べられた断章の一部である。

　　身体から精神への無限の距離は、精神から愛への、無限倍にも無限の距離を象徴している。なぜなら、愛は超自然であるから。
　　この世の偉大のあらゆる光は、精神の探求にたずさわる人々にはい

かなる輝きもない。
精神的な人々の偉大さは、王や富者や将軍など、すべて肉において偉大な人々には見えない。
神から来るのでなければ無である知恵の偉大は、肉的な人々にも精神的な人々にも見えない。これらは類を異にする三つの秩序である。（S339-B793[1]）

　ここで「秩序」(ordre) とは、独自の原理や目的を備え、他とは独立した領域のことを意味する。また、「愛」(charité) とは、世俗的な愛のことではなく、至高の善としての神に向けられる愛のことである（この語は、「知恵」sagesse とも言い換えられている）。したがって「愛の秩序」は、神の探求という唯一の目的によって支えられている。また、「精神の探求にたずさわる人々」が属する「精神の秩序」は、文字通り知性や理性という原理によって導かれている。そして、「身体の秩序」には王、富者、将軍が所属するとされることから、この領域を導く原理は、支配権力、物質的な富、物理的な力という、世俗的な価値全般であることがわかる。これら三つの秩序は、たがいに無限の距離によって隔てられ、「愛」「精神」「身体」の順に上位から下位への階層構造をなす。つまり「三つの秩序」は、人間が向ける欲望の対象の区別と、それらの間の価値的序列の表明にほかならない。なお、「愛の秩序」と残りの二つの秩序との間にはさらに、「超自然」と「自然」という新たな基準による区別が設けられていることにも注意しておこう。

　ところで、聖書には、「邪欲」——すなわち忌避すべき欲望——を、三つに大別する考えがある。パスカルは、「ヨハネの

1　本章末尾の「引用文献」を参照のこと。

手紙一」(2:16) を引用し、次のように記している。

> すべて世にあるもの、肉の欲、目の欲、生活のおごり。*Libido sentiendi, libido sciendi, libido dominandi.* (S460-B458)

ラテン語の章句からも、「肉の欲」「目の欲」「生活のおごり」の三つはそれぞれ、「感覚欲」「知識欲」「支配欲」を指示していることがわかる。「目の欲」すなわち「知識欲」は、「精神の秩序」に属する人々が囚われている欲望である。「肉の欲」は、身体から発する感覚的な欲望を意味するのであるから、「身体の秩序」を導く原理とみなされる[2]。そして、「生活のおごり」つまり「支配欲」とは、他人に対して自己を優位に立たせようとする欲望のことだが、パスカルにおいては、これも「身体の秩序」の示す典型的な原理のひとつである。「三つの秩序」の断章では、「王」がこの領域に属する人々の筆頭に挙げられていた。言うまでもなく、王とは世俗的な権力機構のなかで最高位に立つ存在であり、民衆を意のままに統治する力を備えている。パスカルは言う。「肉的なのは富者や王者である。彼らは肉体を対象とする」(S761-B460)。彼にとって、「身体」とはなによりもまず支配欲によって特徴づけられる領域である[3]。

---

[2] ただし、パスカルは、通常の意味での「感覚欲」の対象には明確に言及していない。アウグスティヌスにとってそれは、たとえば「この世の、目に優しい光の輝き」「いなかる調べであれ、甘やかな旋律をもつ俗歌」「花々、香水、芳香の甘美な匂い」「マナや蜜」、とりわけ「肉体の抱擁」である(『告白』X, 6)。邪欲に関するアウグスティヌスとパスカルの思想の関係について、Yamajo を参照。

[3] 「三つの秩序」と「三つの邪欲」の関係について、詳細は Mesnard を参照。

こうしてパスカルは、「三つの邪欲」のすべてを「身体」「精神」の二つの秩序に閉じこめ、「愛」を唯一正当な原理であるとみなしているように見える。彼において、「神のみを愛すること」は、至上の掟となる。

> 人間を幸福にするためには、真の宗教は彼に、次のことを示さなければならない。すなわち、神が存在すること、人は神を愛さなければならないこと、われわれの真の至福は神のなかにあり、われわれの唯一の不幸は神から離れていること、[…] である。(S182-B430)

> 神が存在するとしたら、彼のみを愛すべきであり、過ぎゆく被造物を愛してはならない。(S511-B479)

　ここで愛は、被造物と神という二つの対象によって区別される。後者が「愛」(charité) にほかならず、前者が「邪欲」(concupiscence) と呼ばれる。パスカルによれば、「われわれの邪欲は、神を愛することからわれわれを背かせている」(S182-B430) のである。「三つの秩序」に認められた彼のコスモロジーは、「愛」と「邪欲」という、より根本的な二元論的区別へと帰着する。この二つの領域はやがて、「霊」(esprit) と「肉」(chair) へと、それぞれ言い換えられるだろう。「肉のことがらにおいては、邪欲が固有に支配している」(S761-B460) からである。邪欲は、とりわけ「肉体」あるいは「身体」の領域、つまりは「身体の秩序」に関連づけられる。

2　方法としての愛

パスカルは愛を「心」によるものと考えている。

> 心には固有の秩序があり、精神には、原理と証明とによる固有の秩序がある。心にはそれとは別の秩序があるのだ。人は、愛されるべきであるということを、愛（amour）の原因を順序に則って提示することによって証明しない。そんなことはばかげている。
> イエス・キリストや聖パウロは、愛（charité）の秩序をもっている。精神の秩序ではない。彼らは熱を与えようとしたのであって、教えようとしたのではないからだ。
> 聖アウグスティヌスも同様である。その秩序は、最終目的と関係のある個々の点で逸脱を行うことにある。それは、その最終目的をつねに示すためである。(S329-B283)

ここでの「秩序」(ordre) は、先に見た意味とは異なり、「配置」や「順序」、さらには「手順」「方法」といった意味で用いられている。ある対象が愛されるべきであると示す際に、原理や証明といった論理的な手続きは無意味であって、心に訴えかける方法が取られなければならない。証明は精神を納得させるかもしれないが、心を説き伏せることはない。心に「熱を与える」のは、むしろ「逸脱」あるいは飛躍である、という。ここで問題になっている愛は、もちろん「神への愛」(charité) であって、被造物への愛ではない。神は心によって愛される。「三つの秩序」の断章に即して言えば、「愛の秩序」が、そこに備わる方法によって、「精神の秩序」と対立させられていると理解できる。

また、パスカルは別の断章 (S142-B282) で、「心の直感」（ある

いは「本能」)を「理性」と対立させて論じている。彼によれば、前者はある種の真理を即時的にかつ確実に与えるのに対し、後者は推論によって諸命題を証明しようとするが、それによって与えられた確信はすぐに動揺する。「心の直感」は、「今自分が夢を見ているのではないこと」、「空間、時間、運動、数などが存在すること」——パスカルはこれを「第一原理」と呼んでいる——を確信させるが、理性はこれに反論できない。心が「感じる」のに対して、理性は「推論する」。両者はこうして、方法によって明確に区別される。また、理性が直感に対して、第一原理の認識を証明せよと要求するのは無意味である。直感によって得られた認識の確実さには、理性が納得できるような根拠はないからだ。このことは心の直感というよりはむしろ、理性の無力さを明らかに示す現象にほかならない。こうして、パスカルは言う。

> それゆえ、心の直感によって神から宗教を与えられた者はきわめて幸福であり、また正当に納得させられている。(S142-B282)

> 神を感じるのは心であって、理性ではない。信仰とはそのようなものである。理性にではなく、心に感じられる神。(S680-B278)

信仰は本来、神が人間に、理性ではなく、「心の直感」を通じて与えるものである。このように理解される信仰とは、「神への愛」にほかならない。

しかしながら、「心」が求めるのは、必ずしも神(下の引用では「普遍的存在」)だけではない。被造物への愛、とりわけ自己に対する愛も、心に自然に発生してしまうものである。

> 心は、理性の知らないそれ自身の理性をもっている。人はそのことを無数のことがらによって知っている。
> つまり、心は、自分から没頭するに従って、自然に普遍的存在を愛するのだし、自然に自分自身を愛する。(S680-B277)

のちに見るように、自己愛は、邪欲の最たるものである支配欲へとつながる、とりわけ罪深い欲望である。ここでは、「愛の秩序」の方法として提示された「心の直感」が、「身体の秩序」の対象へと適用される危険が示唆されている。「愛の秩序」と「身体の秩序」は、方法において近接することになる。

次に、「邪欲」と「神への愛」との関係をさらに詳しく見てみよう。

II　邪欲

1　邪欲の起源

パスカルは、神の語りという形式に基づいて、邪欲が発生した歴史的経過を以下のように説明している。

> 私は人間を清く、罪なく、完全なる状態に創造した。彼を光と知性とで満たした。彼に私の栄光と驚異とを伝えた。そのとき彼の目は、神の威容を見つめていた。［…］だが、人間は、これほどまでの栄光を、思い上がりに陥らずに保つことができなかった。彼は自分自身の中心となり、私の助けから独立しようと望んだ。［…］その結果、今日では、人間は獣に似たものとなり、私からあれほど遠く離れているので、彼にあっては、その創造主のおぼろげな光がかろうじて残っているにすぎない。［…］感覚が理性から独立して、しば

しば理性の主となることで、理性を快楽の追求へとかりたてた。すべての被造物は、彼を苦しめるか、彼を誘惑するかのいずれかである。［…］これが、人間が今日おかれている状態である。彼らには、最初の本性の幸福について、いくらかの弱々しい本能が残っている。そして彼らは、盲目と邪欲との悲惨のなかに沈み込んでいる。邪欲は彼らの第二の本性となってしまった。(S182-B430)

まず邪欲は、その起源からして神に反する欲望であることがうかがえる。なかでもそれは、もともと神から独立し、神と並ぶ存在になろうとする「思い上がり」すなわち傲慢に起因する。邪欲の根本に、自分を優位たらしめる支配欲がある。また、邪欲は「感覚」が「理性」を支配するという事態によって説明されている。感覚は「身体の秩序」の、理性は「精神の秩序」の、それぞれ主導的な原理である。したがってこれは、「三つの秩序」の厳格な序列の転覆を意味する。これによって人間は、今や獣と等しい地位にある。

さらに、人間は、原罪以前の「栄光」を失い、邪欲を「本性」とするに至ったとされる。「栄光」とは神の直接的な顕現のことであり、人間の至福の状態にほかならない。パスカルは、人間にとってこの原初の状態の回復が義務であることを説いている。そのためにこそ彼は、現在とらわれている邪欲を捨て、神への愛を取り戻すべきことを掟として提示するのである。「邪欲」が現在の人間の本性であるのに対して、「神への愛」は過去において保持されていて、未来において回復されるべき本性となる。神への愛と邪欲はこうして、価値の上での対立性に加えて、時間的な対立性を帯びる。

2 「愛」の象徴としての「邪欲」

　神への愛と邪欲との関係は、これにとどまらない。後者は前者の「象徴」でもある。象徴すなわち像 (image) とは、いわば原物の影であり、当然ながら原物よりも価値は低い。このことは、パスカルの聖書解釈——とりわけ旧約聖書の解釈——についての考えからうかがえる。

　パスカルによれば、神は、霊的な内容を伝えるに際し、それを肉的な象徴で覆った。ユダヤ人に聖書と預言の保存をゆだねるためである。この民は、聖典が彼らの求める現世的な幸福を約束するものと理解し、任務を忠実に遂行した。メシア到来の際に、ユダヤ人は彼を磔刑に処した。このことによって彼らはキリスト教の敵となったが、同時にキリスト教の強力な証人となった。宗教の預言が、その最大の敵によって守られてきたということになるからである[4]。パスカルは言う。

> 神は、これらのことを、それに値しないこの民にはっきりと示そうとはしなかったが、それらを信じさせるために預言しようとして、その時期を明らかに預言するとともに、それらをときには明白に、多くは象徴によって表し、象徴するものを好む人がそこに心をとめ[…]、象徴されるものを愛する人がそこに愛するものを見いだすようにした。
> すべて愛 (charité) にまでいたらぬものは象徴である。
> 聖書の唯一の目的は愛である。(S301-B670)

4　Cf. Sellier, pp. 484-497.

一般に「ユダヤ民族一証人説」と呼ばれるこの教義は、アウグスティヌスからの影響のもとにパスカルが発展させたものである。詭弁とも受け取られ、反ユダヤ主義をあおることにもつながりかねないこのような理論は、現代においてもはや重要視されることはないが、パスカルはこれを、キリスト教の真理性を証明するための強力な論拠になるものと考えていた。上の引用で、「象徴するもの」(figures) は「肉」(chair) すなわち「邪欲」を表し、「象徴されるもの」(figurés) は「霊」(esprit) すなわち「(神への) 愛」を指示している。両者は象徴関係によって結ばれているのである。

このときパスカルは、邪欲 (「身体の秩序」) と神への愛 (「愛の秩序」) という、価値の点からすれば無限の上にも無限の距離によって隔たった原理の間に、見かけの上での相似性を認めている。「邪欲 (cupidité) ほど愛 (charité) に似たものはなく、またこれほど愛に反するものはない」(S508-B663) というのである。このことは、複雑で残酷な事態を示唆している。

それは第一に、人間の目から見て、邪欲と (神への) 愛とは、区別がつかない場合があるということである。ユダヤの民は、未来においてもたらされるであろう救済を信じて、あくまでも神の教えに従い、神殿に犠牲を捧げ、儀式を忠実に遂行したのであって、みずからが単なる象徴を追い求めているという自覚はもっていなかった。これと同様に、現世にあって人間は、いかに神を愛することに身を捧げていると自覚していても、知らず知らず邪欲に導かれ、結果的に死後における魂の救済にあずかることができない可能性がある[5]。邪欲はあまりにも深く本性に根づいている

---

5 この点について詳しくは、山上、pp. 162-169 を参照のこと。

ので、人間はそこから容易には脱却できない。邪欲と愛との区別は、神のみが知ることであって、情欲にまみれた人間の判断しうることがらではないのである。

　それだけではない。邪欲は、少なくとも現世的な観点からすれば、集団において、それなりに完成された秩序を実現することができる。そのようなかりそめの秩序も、神への愛がもたらす天上の秩序と、見かけ上の区別はない、というのである。

> 邪欲そのもののなかにおける人間の偉大さ。邪欲のなかから驚くべき規律を引き出すすべをわきまえて、それを愛の似像（tableau de la charité）としたのだから。(S150‒B402)

　なぜそう言えるのか。この点について考えるためには、パスカルの「自己愛」の観念について検討する必要がある。

Ⅲ　自己愛

1　「自我は憎むべきものである」

　パスカルは言う。「自己愛（amour‒propre）とあの人間の自我（ce moi humain）との本性は、自分だけを愛し、自分だけしか考えないことにある」(S743‒B100)。ところが、その自我は、「自分が愛しているこの対象が欠陥と悲惨とに満ちているのを妨げようもない。［…］自分は完全でありたいと願うが、不完全で満ちているのを見る。人々の愛と尊敬の対象でありたいと願うが、自分の欠

陥は、人々の嫌悪と軽蔑にしか値しないのを見る」(*Ibid.*)。そこで自我は、「自分の欠陥を、自分に対しても他人に対しても、覆い隠すためにあらゆる配慮を行う。その欠陥を、他人によって見せつけられることにも、他人に見られることにも、堪えられないのである」(*Ibid.*)。

　自己愛は、欠陥に満ちた自分を偽って美化する。それは他者を相手にする場合だけではない。自己愛によって人間は、自分に対しても、その真の姿を偽るのである。自己愛はそうして、その主体に、自分が不完全な存在であることを忘れさせてしまう。

　下の断章は、パスカルの友人で世俗の社交人であるダミアン・ミトンとの仮想対話の形式を取っている。

> 自我は憎むべきものである。ミトン君、君は自我を隠しているが、そうしたからといって、それを除いたことにはならない。だから、君はやはり憎むべきものだ。
> 「そんなことはない。現にわれわれがそうしているように、みなに親切にふるまえば、人から憎まれるはずはないではないか。」——もし、自我のなかで、そこから生じる不快だけを憎めばよいというならば、その通りだ。
> だが、私がそれを憎んでいるのは、それがすべてのものの中心になるのが不正だからである。よって、私はやはりそれを憎むであろう。
> (S494-B455)

　省略の多い難解な文章であるが、「そんなことはない」というミトンの返答は、「君は自我を隠している」「だから、君は憎むべきものだ」というパスカルの二つの指摘を両方とも否定しているようだ。ミトンは、自分が欠陥に満ちた自己を偽っていることに

気づいていない。つまり彼は、自分が衷心から「みなに親切にふるまっている」と信じている。しかし、パスカルからすれば、そのような行いも、自己愛の産物にほかならない。他人への思いやりや厚意も、相手から自分がよく思われたい、好まれたい、尊敬されたいという欲求に発する。このような友好の態度は、他者から見た「不快」を取りのぞくだけであって、自我の根本的な「不正」——自己愛によって自己の真実の姿を偽ること——を消失させるものではない。他者に対するあらゆる配慮は、かりそめのものにすぎない、というわけだ。

　さらに、パスカルによれば、自我の不正は「すべてのものの中心」になろうとすることにある。自我は、他者に対して自分を優位に立たせる欲望をそのうちに含む。つまり、自我の本性である自己愛とは、邪欲の根本である「支配欲」そのものにほかならない。「なぜなら、ひとりひとりの自我はたがいに敵であり、他のすべての自我の暴君になろうと望むからである」(*Ibid.*)。

　恐ろしい指摘である。人間はその本性からして自分だけしか愛さないのであり、他者に対しては敵意と競争心しか抱くことができない。人間が他人に対して誠実で謙虚で親切な人物としてふるまうのは、他者にそのような自分を評価させ、ひいては自分に従わせるためである、というのだから。しかも、もっと恐ろしいのは、人間はそのような醜い自己愛を、他人に対してのみならず、自分に対しても隠しているということだ。貧困のなかにいる人に施しを与えたり、悲しみのなかにいる人を慰めたり、困難におちいっている人を励ましたりすることに身を捧げている人は、そのような行為が、相手に対する心からの同情に基づくものだと信じて疑わない——ダミアン・ミトンがそうであったように。しかし、パ

スカルによれば、それらも偽りの愛に発するということになるのである。

　したがって、現世の社会は、たがいに憎しみあう個人の集団である。彼らはそこで、たがいの自己愛、すなわち支配欲を隠蔽しながら、たがいに友好につとめることで、なんらかの平和や公共善を実現している。現世の秩序を支えているのは、自己愛という名の邪欲である。他者に対する愛は、みせかけのものにすぎず、「愛」（charité）の虚像にほかならない。

> 人間はすべて、生来たがいに憎みあうものである。人は邪欲を、公共の善に役立たせるために最大限利用した。だが、それはみせかけにすぎず、愛（charité）の虚像にすぎない。実のところ、それは憎しみにほかならないのだから。（S243-B451）

　たいていの人にとって、他人への心からの厚意に自己の醜い欲望がひそんでいることなど思いもよらない。ましてや、平和に満ちた共同体が憎しみの絆によって維持されているなどと、だれが想像するだろうか。パスカルにとって、それほど愛と邪欲とは似ていて、両者の判別は容易ではないし、それほど邪欲は人間の本性のなかに深く根を下ろしてしまっているのである。

　なお、上の引用で問題になっている「愛」（charité）は、同じ集団の成員としての他者への愛、すなわち「隣人愛」のことをとくに指示していると理解され、直接的に「神への愛」を意味するものではないと考えられる（«charité» という語は双方の意味を含む）。しかし、のちにも見るように、とりわけパスカルにおいて、隣人愛は神への愛から必然的に帰結されることがらであって、両者は同じひとつの運動を表している。神への愛を離れて真の隣人愛は

ありえない。世俗は見たところ隣人愛に満ちている。だがそのような愛は、各人の自己愛がつくりあげた「愛の似像」(S150-B402)にすぎない。他者への愛は、邪欲の最たるものである自己愛にではなく、神への愛にこそ従属させなければならない。——このようにパスカルは主張しているのである。

2 「手足」と「からだ」

なぜそこまで言うのか。たとえかりそめのものであったとしても、他者に対する思いやりは、共同体において一定の秩序と安寧を保証しうる。自己愛という悪も、それをむき出しにしないかぎりは、責められるには当たらないのではないか。自我を「隠していること」それ自体が、なぜ「憎むべきこと」になるのか。

パスカルはこう答える。

> われわれは生まれつき不正である。すべてが自分に向かっているからである。これはあらゆる秩序に反する。われわれは全体的なものに向かわなければならない。自己への偏向は、戦争、政治、経済、人間の個々の身体における、あらゆる無秩序のはじまりである。(S680-B477)

自己だけを愛し、自分をすべての他者の上に立たせようとするわれわれの本性は、社会のあらゆる領域において無秩序を発生させる。今は平和によって守られていても、そこには戦争が発生し、共同体の政治や統治体制に混乱が生じ、やがては滅亡へと導かれるであろう。愛の虚像、すなわち邪欲がなんらかの秩序をもたら

すとしても、それは脆弱で不安定なものでしかありえないのである。

　それだけではない。自己を世界の中心に置くそのような欲望は、結局は「人間の個々の身体」、すなわち自分自身の身の破滅をも招くことになる。このような破局を回避するためには、「全体的なもの」を愛するしかないという。その理由を、パスカルは次のように説明している。

> 手足であるということは、全体の精神によってのみ、また全体のためにのみ、生命と存在と運動とをもつことである。手足が分離して、それが属している全体をもはや顧みないならば、それは滅びゆき死にゆく存在にすぎない。(S404-B483)

　もし手足がからだ全体の健康を考えずに、思い思いの欲望に従って行動したとすれば、からだは衰弱し、やがて死んでしまう。すると結局は、その一部である手足そのものも滅びてしまうだろう。手足はからだ全体の生命によって守られている。共同体とその成員の関係も、からだと手足のそれと同じである[6]。個人が集団全体の幸福と発展を考慮せずに勝手な意志によってふるまえば、集団は衰弱し、それによってその成員も路頭に迷い、やがては死を迎えることになる (Cf. S406-B475)。したがって、「全体を愛することによって、自分自身を愛することになる。なぜなら、手足[成員]は全体にあって、全体によって、全体のためにのみ

6　上の引用で「からだ」と訳した « corps » は「共同体」をも意味し、「手足」と訳した « membre » は「成員」をも指示する。したがって、この断章にはそもそも二重の意味が込められている。

存在しているからである」(S404-B483)。ひとりひとりの幸福は、全体への愛にある[7]。

ここで「全体」とは、具体的にどのような集団を指すのだろうか。個人の向ける愛が自分の家族に対するものにのみとどまるならば、それを一要素とする町は滅びるだろう。このとき、その家族に「自己愛」が発生していることになるからだ。同様に、個人が自分の属する町にのみ愛を注ぐならば、それを一要素とする市は破滅するだろう。また同様に、個人が自分が生活する市に対して排他的な愛を与えるならば、それを一要素とする国家は衰退していくだろう。このように考えると、各人は愛を、いかなる大きさをもつ共同体の限界をも超えて広げていかなければならない。

> 自然的あるいは文明的な共同体の各成員が、全体の幸福を志向するのなら、そうした共同体そのものは、それらを成員としているさらに大きな別の全体を志向しなければならない。(S680-B477)

では、究極の「全体」とはなにか。それは、「自然的あるいは文明的な共同体」のいずれでもなく、無限の広がりをもち、すべてを包摂する超自然の存在、すなわち神にほかならない。パスカルにおいて、手足とからだ、共同体とその成員を結びつける関係は最終的に、神と人間との関係へと敷衍される。

---

[7] Force の分析によると、「考える手足」の着想はパウロ「コリントの信徒への手紙一」から、全体と個との関係についての着想は、エピクテートス『語録』II, 5(『人生談義』、岩波文庫、上巻所収)から、それぞれ与えられているという。

「神につくものは、これとひとつの霊になる」［Ⅰコリント 6:17］。人はイエス・キリストの手足であるから、自分を愛する。人は、イエス・キリストが自分を手足とするからだであるがゆえに、彼を愛する。(S404-B483)

　こうして、「自我は憎むべきものである」というパスカルの主張は、「神への愛」という掟と結びつく。彼は言う。「神のみを愛し、自分だけを憎むべきである」(S405-B476)。自己愛は、いかにそれが隠されていたとしても、全体への愛、すなわち神への愛をさまたげる直接の原因となる。人間はそのことが自己自身の不幸と悲惨を招くことを知らず、偽善に満ちた交際に身をやつしている。真の幸福は神への愛にのみ存する。そのことを自覚せよ。──パスカルはこう言いたいのである。

　このことは、自己に対する正当な愛がありえないということを意味するのではない。自己が全体の一部として認識された場合、自己の損傷はすなわち全体に対する害悪となる。手足が怪我をした状態は、からだ全体にとっても不幸である。全体を愛するために、手は自分自身を大切にしなければならない。自己への愛は、このような全体への配慮のもとでのみ正当な価値をもつ。「からだは手を愛するのだし、もし手が意志をもっていたら、［からだのもつ］魂が手を愛するのと同じように、自分を愛するはずである。それを超える愛は、すべて不正である」(*Ibid.*)。したがって、仮にからだ全体を存続させるために、手足が切り捨てられる必要があるならば、手足は進んでそれに同意しなければならない (Cf. S405-B476)。

　これと同様に、からだ全体の健康と幸福のためには、手は自分

以上に足のことを、足は自分以上に手のことを、それぞれいたわらなければならない。ここで全体とは神、手足とは人間のことである。よって人間は、神を愛するならば、それを全体とする一部としての他者をも愛さなければならない。神への愛は、他者への愛、すなわち「隣人愛」を含んでいる。自己愛の悪は、他者を憎み、自己を優位に置こうとすることにあった。このことがやがて全体への裏切りとなる。全体への真摯な配慮とは、憎しみを排し、他を偽りなく愛することにある。「隣人愛」とは、キリストが語った通り、「敵を愛する」ことである。

ただし、自己への愛が、全体への奉仕にかなうかぎりでのみ正当であったように、他者へと向かう水平方向への愛は、神へと向かう垂直方向への愛へと従属させられている。あえて言えば、前者は後者の手段であり、結果にすぎない。つまり、他者への愛は、それ自体最終的な目的ではない。他者それ自体は、単独で愛されるべき対象とはならない。最後に、この点について見ておこう。

Ⅳ　他者への愛

1　人に自分を愛させること

　パスカルは、他者から自分に向けられる愛について、次のように記す。

　　人が私に執着をもつのは、たとえそれが衷心からのものであっても、不当なことである。その場合に私は、私がそのような欲望を引き起

こした相手をだますことになるだろう。なぜなら、私はだれの目的でもなく、そのような相手を満足させるものをなにももたないからである。私はやがて死ぬべきものではないだろうか。そうすれば、彼らの執着の対象も死んでしまうのだ。(S15−B471)

私はだれの愛の目的でもないので、相手を満足させることはできない。また、私はいずれ死ぬべき存在であり、私は相手からの愛を死によって裏切ることになる。したがって、人が私を愛するのは不当であり、「人に自分を愛させても、私が人を自分に執着をもつようにしむけても、私の罪になる」(*Ibid.*)。

パスカルにとって、人が私を愛することは、人に私を愛させること、すなわち他者に対して自分を優位に立たせるという自己中心的な欲望に基づく状態である。つまり、他者がいくら自発的に私を愛しているように見えても、それはほかならぬ私の自己愛のなせるわざである。地上の愛とは、たがいの支配欲の発現にほかならない。人を愛させることとは、本質的には相手を憎むことと同義である。

ここで、愛が「執着」(attachement) という語に置き換えられていることは、そのことを示唆する。パスカルにおいて、真に正しい愛 (charité) は、他を直接の欲望の対象 (「目的」) とする関係ではない。他者の義務は、私の義務と同様に、神を愛することのみである。そのことが彼ら自身の幸福になるのであり、そのようにしむけることこそが真の隣人愛 (charité) となる。「彼らに、私に執着してはならないと警告しなければならない。彼らは神を喜ばせるため、あるいは神を求めるために、その命と思索とを費やさなければならないからだ」(*Ibid.*)。

したがって、もちろん、私が人に執着することも、同様に罪となる。上で見たように、他者への愛は、神への愛の下に位置づけられないかぎり、相手を独善的に所有することにつながる。私と他者とは、神によって間接的に結びつけられているにすぎない。人間同士の水平方向の絆は、神へと向かう垂直方向の絆を介してはじめて成立する。神は人間のひとりひとりを、自分の手足のようにして愛するのであるから、手足同士の直接の交渉は神への裏切りとなる。

上の引用にはまた、愛の時間的な性格が表明されている。被造物である人間同士の愛は時間によって支配されている。そこにたとえ愛が成立しても、自分か相手に確実に訪れる死によって、すぐに終わりを迎えてしまう。これに対して、神は不滅であるから、人間が死によって身体を失っても、その後に生きのびる魂を永遠に愛し、祝福してくれる可能性がある。パスカルによれば、われわれはそのような愛を求めるためにこそ、神を愛さなければならない、というわけだ。

2 「借りものの性質」を愛すること

たしかに、われわれが日常に営んでいる他者との愛は、恋愛であれ友情であれ、一時的なものであらざるをえない。しかしわれわれはそれを求め、慈しみ、生の励みとしている。そこに満足を覚える者には、パスカルの告発は依然として空虚に響く。だが、彼はそのような地上の愛のありかたに、なおも根本的な疑念を投げかける。

ある人が、通行人を見るために窓際にいて、そこに私が通りがかった場合、彼は私を見るためにそこにいたと言えるだろうか。そうは言えない。彼は私のことをとくに考えているわけではないからだ。では、ある人をその美しさのゆえに愛する者は、その人を愛しているのだろうか。そうではない。なぜなら、天然痘は、その人を殺さずにその美しさを殺してしまうにもかかわらず、相手がもはやその人を愛さないようにしてしまうからである。
　また、もし人が私の判断力や記憶力のゆえに私を愛しているとすれば、その人はこの私を愛しているのだろうか。そうではない。私は、私自身を失わずに、そのような性質を失うことがありうるからである。(S567-B323)

　われわれは人を、その美貌や知性などの「性質」(qualités)によって愛している。ところがそのような性質は、その人が生きている間につねに変質し、やがては失われる。したがって、この場合われわれは、愛していると考えている相手そのものを愛しているわけではない。また、そのような愛は、相手の美質が失われるまでの一時的なものでしかない。こうして、この場合の愛は、窓辺にたたずむ人が、外を通りかかる人に投げかけるまなざし以上のものではない。彼はとくにその人自身を見ているわけではないばかりか、見られている相手はすぐに通り過ぎていく。

　しかし、はたして人間同士の愛に、これ以外のあり方は可能だろうか。身体的な美も、精神的な徳も、たえず変化し、衰えていく以上、「私」は私の身体のなかにも、精神のなかにもない。私のなかの不変の部分――「実体」(substance)――、あるいは、時間を超えて私を私たらしめている同一性を保証する要素は、どこにも見あたらない。そうである以上、「人は決して相手そのものを愛するのではなく、その性質だけしか愛さない」(*Ibid.*)。した

がって、地上において、真に相手を対象とする愛は存在しえない。

さらにパスカルは、皮肉を込めて言う。「だから、公職や役目のゆえに尊敬される人たちを、軽蔑しないでおこう。人は、だれをもその借りものの性質のゆえにしか愛さないからである」(*Ibid.*)。外見の美しさや知性、あるいは優しさ、謙虚さなどの徳によって相手を愛することと、地位や役職、資産、収入、もっと言えば、身につけているもの、住んでいる家、生まれた土地、父親の職業など、相手自身の性質ではなく、相手に付随する事物やまわりの人々の性質によってその人を愛することとは、結局は同じである。いずれにしても、その人自身を愛することではないからだ。

したがって、私がある人をその美のゆえに愛する場合、私はその人ではなく、その人の美を愛していることになる。そうであれば、同じような美を備えた人と出会った場合、私はその人をも愛するであろう。愛の対象は偶然によるものにすぎず、またそれは不定である。しかも、私がそのような相手の「性質」を求めるのは、私自身の自己中心的な欲望のゆえである。相手の美は私の「感覚欲」を、相手の知性は私の「知識欲」を、相手の地位は私の「支配欲」を、それぞれ満たすために利用される。世俗の愛は、いかなる場合も自己の「邪欲」の発現であり、相手の善や幸福を願う真の「愛」(charité) とはほど遠い。

こうして、地上の愛はすべてはかなく、不正である。このような愛を愛と呼べるのか——パスカルは、このように問いかけているのである。

ま と め

　「神への愛」とは、法外な掟である。それは同時に、人間の本性である「邪欲」、とりわけその根源となる「自己愛」の否定と、他者への愛の放棄を意味するのだから。他者の移ろいゆく「性質」への執着は、結局のところ、自我のもつ利己的な欲望の現れであり、他者そのものへの愛とはなりえない。パスカルはこうして、世俗の愛のすべての虚偽を暴き、それを完膚無きまでに破壊しつくす。

　しかし、この破壊は、真の秩序の構築のためにある。他者への愛も、自己への愛も、神への愛を最終的な目的とするかぎりにおいて、正当なものとなる。このとき、自己の隠れた支配欲は消え去り、愛は真に他者と自己の永遠の幸福を願うものとなるからだ。このような反転を可能にしているのは、人間は神を全体とする手足であるとの認識である。手足は全体によって存在と生を与えられている以上、手足は全体の愛に報いるためにのみ、自己と他者を愛することを許される。「邪欲」はこうして、それとは似て非なる「愛」(charité) へと無限の飛翔を遂げる可能性がある。ここに現れるのは、個々人がすべて利己的な欲望を捨てて、自己と他を含めた人類全体の幸福を希求する恒久平和の状態である。神への愛を至上の掟として提示することでパスカルが夢見ているのは、そのような宇宙規模のユートピアにほかならない。

　パスカルの文章は、あまりにも直接的に、人間の本性の醜さと悲惨とを暴露する。そのため読者は、疑念や反発、ときにはいらだちを感じることもある。しかし、彼の主張のひとつひとつは、

驚くほどの一貫性によって結びつけられている。このとき、彼の提示する逆説は、有無を言わせぬ説得力をもってわれわれに迫ってくる。パスカルは、ありふれた愛のありかたを批判することによって、愛とはなにかという根本的な問いを提起し、その本質をたしかに照らし出している。

【引用文献】

Pensées, éd. G. Ferreyrolles (2000), Paris, LGF, « Le Livre de Poche ».
前田陽一・由木康訳 (2001):『パンセ』(中公クラシックス 2) 中央公論新社。
　(上記フランス語版は Ph. Sellier の、日本語版は L. Brunschvicg の断章の配列に、それぞれ基づいている。引用に際し、それぞれの断章番号を、略号 S および B に続く数字によって示す。翻訳に際し日本語版を参照したが、筆者がかなり手を加えたところもある。なお、引用文中の［　］部分は、筆者による補足である。)

【参考文献】

André Comte-Sponville (1997): « L'amour selon Pascal », in *Revue Internationale de Philosophie*, n° 199, pp. 131-160.

Pierre Force (1995): « Maladies de l'âme et maladies du corps chez Pascal », in *Papers on French Seventeenth Century Literature, Biblio 17*, n° 89, pp. 77-86.

Jean Mesnard (1992): « Le thème des trois ordres dans l'organisation des *Pensées* », in *La Culture du XVIIe siècle*, Paris, PUF, pp. 426-484.

森有正 (1979):「パスカルにおける『愛』の構造」、『森有正全集・第11巻』筑摩書房、2-106頁。

Philippe Sellier (1970): *Pascal et saint Augustin*, Paris, Armand Colin.

塩川徹也 (2001):『パスカル「パンセ」を読む』岩波書店。

Hirotsugu Yamajo (2000) : « L'*ordre* chez Pascal et chez saint Augustin. Pour une axiologie pascalienne du *corps* », in *Odysseus*, n° 4, pp. 82-99.

山上浩嗣 (2005):「信仰と此岸の生——パスカルとモンテーニュの幸福観」、『関西学院大学社会学部紀要』第 99 号、155-171 頁。

第7章　キェルケゴールと真実の愛

舟木　讓

はじめに

　人間にとって、あるいはこの世における「愛」とは何かということを研究あるいは論議の対象とするとき、人は、無意識にそれぞれの個人体験や自分史の中にその考察の端緒を見出すはずである。肉親との愛情、親しき友との友情、尊敬すべき師へのあこがれ、そして、時には苦しみをも伴う異性や同性への愛の経験から演繹して「愛」や「友情」についての考察を深めていく。ただ、その際、自らの内面にあった喜びや懊悩をあからさまにさらけ出し、その具体的な体験を想起させるような論議の仕方は誰もが避けるところである。むしろ通常は、自らの経験を抽象化し、あるいは一般化して語り、あたかも「愛」について「知りぬいた」者であるかのように叙述しがちである。しかしながら、これから取り上げる18世紀デンマークの思想家キェルケゴールは自らの貴重な「愛」の体験を生涯その内に抱き続け、一般的な常識からみると一種異常とも思われる行動やこだわりの中で真の「愛」を命がけで探求

し、また、この世においてたった一度示された真実の「愛」であるイエス・キリストへの信仰を如何に人々に知らしめるかにその生涯を捧げた希有な人物である。

彼の思想は、「愛」をはじめとして自らにとっての「罪」「信仰」「救い」「赦し」とは何かという問題について、極めて個人的な経験に対する深い沈潜と分析・研究から始まる。やがてそれは、公刊された著作という形で普遍化され、それらの課題が本来全ての者に向けられたものであり、一人一人が誠実に対峙し格闘し、その結果自らがつかみ取った解答に対して誠実かつ主体的に「生きていく」ものであることが示される。それ故、彼の思想を紐解く時には、他の思想家を取り扱う以上に、その個人史を省みる必要がある。

彼が現代の私たちに突きつける問いは数多いが、ここでは特に彼自身が経験した「愛」に関する個人史を概観しつつ、その体験から彼が導かれた真の「愛」のありかた——それは、キリスト教的に理解される「愛」となることが分かる——を探っていくこととする。

I　神への「愛憎」から始まる歴史

セーレン・オービュエ・キェルケゴール (Søren Aabye Kierkegaard) は、1813年[1]5月5日、デンマークの首都コペンハーゲンに、富

1　この年のことを後年キェルケゴールは「狂った金銭の年」(Pap. VA3) と呼ぶが、それは、デンマークがナポレオン戦争で敗戦国となり貧困へと転落していった年に他ならない。その中でもキェルケゴール家は財産を保護され、後の著作活動のための潤沢な財産が形成されることとなった。

裕な毛織物商人であった父ミカエルの末子、7番目の子供として生を受けた。厳格な信仰を要求するヘルンフート派の信仰を有していた父であったが、過去にその貧しさから神を呪ったという拭いがたい過去を有していた。その後、首都コペンハーゲンに出て財をなした父であったが、苦労の末に結ばれた最愛の妻を結婚後わずか2年で病気によって亡くすという悲劇に見舞われる。ようやく掴みかけた人間としての幸福を突然に奪われた父は、悲嘆のどん底で、彼の下で働いていた女中に乱暴を働き、その結果妊娠したその女性と再婚するということになる。この2度にわたる父の過ちは、その家族、特に末子セーレンの全生涯に大きな影響を及ぼすのである。その一例としてあげられるのは、父親のセーレンに対する教育[2]である。彼は、将来、我が子セーレンを自らの罪の犠牲の子羊として神に捧げる決心をし、彼を牧師として献身させるべく、ヘルンフート派の信仰[3]に基づく独特の教育を彼に対して行ったのであった。そして、その幼少期の経験は、セーレンのその後の人生に最後まで大きな陰を落とすこととなる。

その後、セーレンは、父の期待に応じ、長じてコペンハーゲン大学神学部に進学することとなるが、入学後は父の意に反して、文学と哲学に傾倒し、また、生活も次第に乱れ、やがて父の心労

---

2 「私は一人の老人によって恐ろしく厳しくキリスト教へと教育された」(Pap. VIII 1A 663) と後年キェルケゴールが語るが、それは、「床上の散歩」と呼ばれ、屋内で目を閉じた状態で父親に導かれ空想の散歩を行うといった変わった教育であった。父ミカエルはそれによって、セーレンに対して絶対的なる者への服従を学ばせたと言われる。
3 ボヘミアの宗教改革（1369-1415年）に起源をもつ、現世的生活を離れ聖書の中に真理を求めて禁欲的な信仰を要求する。当時のデンマークでは、ルター派の国教会の権威と権力の台頭を抑制する力を期待して、この敬虔主義的な教派を容認する傾向にあった。

の種となっていく。一方、その在学中に、兄や姉が若くして（34歳を越えることなく）相次いで亡くなっていくという出来事がおこり、その家族に次第に暗い陰がさすようになる。父ミカエルは、家族を次々と襲う「死」という悲劇を、眼前に現れた神の罰と理解し、深い苦悩と憂愁に沈んでいくのであった。しかしそうした中苦悩の淵にありながらも、セーレンの将来と不安定な生活を心配した父は、自ら、若き日の過ちをセーレンに告白することで、今家族に降りかかっている不幸の根源が自らの過去にあるということをセーレンに知らせ、息子を危機的な状況から救い出すことを試みるのであった。この衝撃的な告白は「大地震」[4]とセーレンが後に呼ぶような、大きな出来事であったが、父が彼の身を案じ、自らの恥ずべき過去を息子に告白してまでも救おうとした父親の献身的「愛」の表現として彼はそのことを理解し、感謝の思いから、ようやく青春の危機的状況から抜け出すことが出来た[5]のであった。そして、その父の自らを犠牲として息子を救おうとする犠牲的「愛」の行為により、彼は、自らの生きるべき方向を見出していくのであった。

　さらに彼は、様々な懊悩と不安、そして、逡巡の中、1840年、かねてより知り合いであった、レギーネ・オルセンと婚約し、1841年にはマギスター（学位）論文、「ソクラテスを絶えず顧慮してのイロニーの概念」執筆、学位を取得、前途洋々と見える新

---

[4] 「Pap. IIA 802-807」にその際の衝撃が記されており、自らのまわりに「死のしじま」が広がるのを感じたと表現している。そして、自らが「例外者」として宗教的な懺悔を行う運命にあることを悟るのであった。

[5] 父の告白と共に、信仰の導き手であったポール・メラー教授の死（1838年3月13日）も彼の覚醒を促し「言い難い喜び」（Pap. II A 228）を彼に与えることとなった。

しい旅立ちをすることとなった。しかし、婚約直後より、その婚約が「失敗」であったとの思いに至り、やがて、レギーネ・オルセンとの婚約を一方的に破棄するといった、周囲からは理解不能な行動をとるのである。そして、このレギーネとの一連の「不幸な」出来事が彼のその後の人生を決定することとなったといっても過言ではない。

そうした婚約破棄事件によって、レギーネならびにその家族のみならず世間の批判を一身に浴びる中、一方で彼は、その理由の弁明の書でもある『あれか─これか、ある人生の断片』を1843年に刊行、著作活動を本格的に開始することとなる。その後のキェルケゴールの著作活動は、一部を除いて、レギーネとの関係、レギーネに対する思い、また、その関係を通じての人間理解、社会理解、キリスト教理解に費やされることとなる。

さらにキェルケゴールの思想活動に大きな影響を与えた出来事としては、1846年1月2日『コルサー』紙[6]（276号）で開始されたキェルケゴール攻撃があげられる。その一連のゴシップ的な攻撃は、同年10月まで継続することとなるが、この体験によって、「大衆化」した人間が如何に「無責任」に「非主体的」に振る舞うかを体験し、本来のキリスト教が人間に要求している信仰態度と当時のデンマークの教会が伝えているキリスト教の間の大きな乖離に気づくこととなる。

---

[6] この新聞は、当初 P.L. メラーを編集者として啓蒙的な意味を込めて発刊されたものであったが、次第に有名人のゴシップ記事を掲載することで販売部数をのばすような週間新聞に堕っしていた。1845年このメラーは、キェルケゴールの『責めがあるか、責めがないか』を酷評したが、それに対するキェルケゴールの反論をきっかけにして、一連の攻撃が始まった。

こうした一連の過酷な経験はやがて 1854 年にはじまる、教会攻撃という形に結実していく[7]。かれは、イエスの信仰がまさに神と真理への「殉教」に他ならないとの確信のもと、「キリスト教界に真のキリスト教を導入」すべく、激しい教会への非難を行う。そして、その攻撃は、その途上 1855 年 11 月 11 日の彼の逝去によって終焉を迎えることとなる。

II　女性への愛：キェルケゴールの女性理解

　以上のように、極めて波乱に満ちた生涯を送ったキェルケゴールであったが、彼の生涯の通底には、父の愛、またレギーネとの関係に影響を受けた「愛」に対する探求の精神が流れている。また、「キェルケゴールは自らの著作のうち約 3 分の 1 において男性と女性の関係を扱って」いるとも言われるが、そこでキェルケゴールの「愛」の理解を探る準備として、最初に彼の女性理解の特徴をここで見ていくことで、彼が生涯探求し続けた真の「愛」を理解する手だてとしたい。これに関して、デンマークの碩学のキェルケゴール研究家であった G. マランチュクは以下のように、示唆に富む指摘をしている。

　　キェルケゴールは、最も深遠なる心理学者の一人として、さらに人
　　間と人間関係に関する鋭敏な観察者として、この問題（男性と女性

---

[7]　教会批判の内容に関しては、拙論「キェルケゴールにおける教会批判の射程」（日本キェルケゴール研究センター刊行『キェルケゴールとキリスト教神学の展望』127-144 頁、関西学院大学出版会、2006 年）参照。

の関係）に関し、一貫して考え抜かれた見解を有していた。それ故、彼に同意すると否とに関わらず、この主題が論争の俎上に上るときには、耳傾けねばならないものなのである[8]。

このことを裏付けるように、キェルケゴールは、実際上のデビューの場となった雑誌『コペンハーゲン急行便、臨時号』での匿名寄稿の中で、女性の地位に関する論争に対する諧謔的な諷刺を行ってその文章家としての一歩を始めているのである。また、レギーネとの婚約破棄事件直後の著作において、かれは示唆に富む女性理解を展開していくこととなる。以下にその特徴を追ってみる。

1 『反復』および『おそれとおののき』における女性理解

『不安の概念』に先立つ二部作である『反復』および『おそれとおののき』はレギーネ・オルセンとの婚約破棄事件後の中で執筆された極めて個人的性格の強いものであると言いうる。自らの婚約破棄事件に一つの終止符を打とうとしたキェルケゴールであったが、そのことに集中すればするほど、特にレギーネとの関係を反芻する中で、彼は、女性と男性との間に横たわる差異を徹底して意識することとなった。いったん愛した女性であるレギーネとの婚約破棄という決断は、彼自身がその生死を賭けたぎりぎりの行動であった。この行動を理解する者が皆無であったとして

---

[8] Malantshuk, Gregor; Kierkegaards Syn paa Mand og Kvinde. Den Kontroversielle Kierkegaard, Køvenhavn : Vinten, 1976, p30.

も、この決断は、彼の真摯な信仰的帰結であり、レギーネの人生においても本来的な幸福をもたらすものであることを彼は信じていた。それ故に、その行動によってもたらされた多くの非難を、彼は、自らを「一人の懺悔者」(Pap. X 1A 267)と理解することで甘受し続けたのであった。

　しかしながら、その決断も1843年4月16日のフルーエ教会に於ける、レギーネの「うなずき」(Pap. IV A 97)によって大きく揺らぐこととなる。これは、婚約破棄後当然ながら関係がこじれ、恨みを抱いていると考えていたレギーネが上記の教会での礼拝で出会ったキェルケゴールに対して二度にわたる「うなずき」を送ったという出来事であった。このレギーネの「うなずき」を元の関係への回復可能性と理解したキェルケゴールはこれを機に『反復』の執筆へと促されていく。しかし、その執筆の最中であった同年7月頃、レギーネが旧知の男性（F. スレーゲル）と婚約したことを知ることとなる。キェルケゴール自身は、レギーネもまた婚約破棄による苦悩の中から精神的成長・宗教的成長を果たし、共に真の信仰的生を希求する同志として歩むことを密かに期待していたのであった。しかし、彼女は、最も安易な仕方でその苦悩を忘却しようとし、あまりにも短時間に最も単純な形での癒しを選択したことは、キェルケゴールにとって予想を超えた出来事であった。

> 女性は有限なるものを理解し、それを反対の側から理解するのである。それこそが全女性の本質であり、愛らしさの所以であり、それは、男性には決してない、甘美さと愛くるしさの所以でもある。そして、これこそが、女性が幸福である理由であり、男性は決してそうは成り得ず、また、そう成りうる可能性も有していないのである。

また、それこそが女性を存在しているものとの調和の中に置く所以であり、男性は決してそうは成り得ず、成るべくもないのである。このように、女性の人生は、男性より幸福であると言いうる。なぜなら、有限なものによって確かに人間は幸福に成りうるからである。そして、無限なものでは、それ自身を通じて（per se）けっして幸福になることは出来ないからである。女性は、男性より完全である。というのは、何かを説明する者の方が、説明を探し求めている者より確かに完全だからである。(SV II, 279)

以上のように、キェルケゴールは男性と女性の差異を表現し、また、「苦しみ」の目的とキリスト教を以下のように理解する事となる。

神が一人の人間を、永遠なる者へと覚醒せしめるのは、『苦しみ』を通じてである。(Pap. X 4A 600)
キリスト教は最後に至るまで苦しみなのである（ibid）

すなわち、レギーネに代表される、「直接性」の中に生きる「大衆」と、自らに代表される「単独者」としての意識を持つ者との「異質性」に、その婚約破棄の原因が存在していることを改めて自覚したのであった。また、そのことを証明するように、キェルケゴールは同じ日誌記述で、次のように述懐している。

私は、幼い時より、この世と本来的に異質なために呻吟してきた。〔中略〕私にとって、本来的な異質性という痛みが二重に鋭くされた原因は次のようなものである。一人の女性を不幸とした結果、その相手の苦しみを同情して負うようになった時からなのである。

このようにして、不幸な婚約悲劇が一端の結末を見せた後、キェ

ルケゴールはいよいよ深く人間と愛の洞察へとその生涯を捧げていくことになる。

2 『不安の概念』における女性理解

　以上のようなレギーネへの思いを内に秘めつつ、哲学的な思想の深まりを見せた当時の著作の一つに、仮名著者ヴィギリウス・ハウフニエンシス（ラテン語で「港の夜警番」の意）を冠して出版された、『不安の概念』（1844年）がある。これは、あくまで一つの哲学的著作として後年に出版される『死に至る病』と並ぶものであり、その意味では、レギーネとの直接の関係を示すものを直接看取することは難しい。しかし、キェルケゴール自身は、最終稿の段階までその書を本名で出版しようと意図していた。それ故、ここにはキェルケゴールの個人的な女性との関係が、やはり、そこで展開される女性理解に大きく影響を及ぼしていると考えられる。そして、ここで言及される旧約聖書の堕罪物語において叙述されるアダムとエバの関係においてもキェルケゴールの女性理解の一端を垣間見ることが可能である。例えば、下記のように記されている。

> 彼女（エバ）は、彼（アダム）に対して、可能な限りにおいて内面的な関係に立っていたのではあるが、しかしながら、それはなおも外面的な関係でしかなかったのである。（SV Ⅳ, 317）

> しばしば、語られてきたように、女性がより弱い種であるというのは、如何なる意味においてであるか。さらに、不安は男性より女性にいっそうふさわしいものである。（以下略）（SV Ⅳ, 318）

男性が創造されたとき、彼は、自然の主として、王子として、自然の壮大さとして、そして自然の輝きとして立ったのである。有限なるものの持つあらゆる芳醇さが、ただ彼の首肯のみを待っていた。しかし、彼は全自然と共にありながら、何をなすべきかを理解していなかった。彼は自然を見た。しかし、その凝り固まったまなざしの前では、何一つ見えていないように思われた。全てのものは、彼が動けばただちに一歩でそれらを飛び越えてしまうように彼には思えた。こうして彼は、厳めしい姿で、思案にくれて立ちつくした。しかし、それはまた、喜劇的でさえあった。なぜなら、人は、この豊かな男が、その豊かさの使用法を知らなかったということを見て、笑うに違いないからである。

しかし、それはまた、悲劇的でもあった。なぜなら、彼にはそれらを用いることが出来なかったからである。その後、女性が創造された。彼女は、もはや困惑することはなかった。彼女はすぐさま自らがなすべき事を知り、直ちに、何の躊躇もなく始める用意が整っていたのである。(SV XII, 278)

以上概観してきたように、キェルケゴールの女性に関する考察を鑑みるとき、彼は女性を精神性の低い、また、男性に比して、人生の実存段階の低い存在として規定しているかのように思われる。また、「本来、語り合うのは、神と自分自身でなければならない」(SVXIII, 634)というキェルケゴールの基本的な立脚点からも、「有限なるもの」に傾き、そこでとどまっている状態は、未だその「精神」が、「まどろみ」「夢見ている状態」に止まっている (SV IV, 345 以下) にすぎず、真の実存へと向かっていないと見なされても不思議ではない。

しかし一方、キェルケゴールは、『不安の概念』において、エバを「男性に比べて不完全なものであるということにはならない」(SV IV, 317) とも評価しているところに、若きレギーネを愛し、また、彼女に多くの可能性を見出していた残滓を感じることが出来る。

III　キェルケゴールの「愛」理解

ここまで、キェルケゴールの個人史と女性観について概観してきたが、ここから、『あれか—これか』中の「誘惑者の日記」ならびに『愛の業』に現れる彼の「愛」理解を探っていく。

1　キリスト教における愛とキェルケゴールの理解する愛

キリスト教における愛は、すなわちアガペーの愛であり、隣人愛ならびに敵をも愛する愛敵の精神を要求するものであると言われる(「旧約聖書」ならびに「新約聖書」が語る愛に関しては、それぞれ他の章を参照)。それに対して、古代ギリシア以来ヨーロッパにおいては、その他の愛としてエロースと呼ばれる一般的な恋愛の感情や情熱の神(アフロディテは愛の結合の神)をさす言葉が存在する。また、フィリアと呼ばれる、二人の間の全ての愛着の感情四種の総称は、人間の関係の中で以下のような感情を示す言葉として知られてきた[9]。

a. フュシケ＝血縁間における愛情
b. クセニケ＝お客は従来神から送られた者と考えられ、主がそのようなものとして客をもてなす心を指す、主と客の間の感情
c. ヘタイリケ＝いわゆる友情に当たるような友人間の信頼に基づく関係

9　R. フラスリエール著　戸張智雄訳『愛の諸相　—古代ギリシアの愛』岩波書店、1984年参照。

d. エロティケ＝同性ないしは異性間の恋愛感情

というように分類されてきた。

キェルケゴール自身もその著『愛の業』において次のように愛の種類を描きわけている。

a. Forkjerlighed → predelection、偏愛

b. Venskab → friendship、友愛

c. Elskov → romantic love、恋愛、エロース

d. Kjerlighed（Kærlighed）→ love、(神の) 愛、アガペー

そして、彼は、以下のようにキリスト教的愛を表現するのである。

よって、愛することが義務である場合に限って、その場合に限って愛は永遠に保障されていることになる。この永遠性の保障は全ての不安を放逐し、愛を完全なもの、完全に保障されたものとしているのである。(SV Ⅻ, 44)

また、上記のように彼によるとキリスト教的愛は、徹頭徹尾「行為」として理解されており（それ故『愛の業』という表題がつけられていると言えよう）、また、その「行為」がどうようになされるべきかが問題とされている。そして、そこから愛が「義務」であり「良心」の問題に関わると理解されていくのである。

また、Ⅰで明らかにしたようにレギーネとの婚約破棄からレギーネの「うなずき」さらにはレギーネの新たな婚約者の出現という出来事は、キェルケゴールに「愛」の本質をさらに深く解明すべく導いていった。

さらに、今ひとつ彼にとって、その人生を大きく枠づけていた

事柄として、「大地震」体験によって明らかとなった34歳という呪縛があげられる。それは、父の２度にわたる過ちに対するキェルケゴール家に対する罰として考えられていたものであったが、キェルケゴールの兄姉達が一人を除き、34歳までに亡くなっているという事実であった。キェルケゴール自身もそのことを覚悟し、そこに向けて全身全霊を傾けて著作活動を行っていたのであるが、結果として、彼はその呪縛を乗り越えることになった。ここに至って、彼には今ひとつの大きな転機が訪れ、神の「赦し」「愛」の実感の下に『愛の業』が上梓されることとなる。

以下では、彼の初期の代表『あれか―これか』と『愛の業』の中で語られる「愛」の本質について探っていくものとする。

2　「人間的愛」への決別

審美的著作とされる『あれか―これか』は、キェルケゴールの婚約破棄に対する弁明的著作であるが、そこで彼は、次のように一般的な愛のあり方を分析し、自らの希求する「愛」と一般の人々（レギーネも含めた）が無意識に行っている愛の行為の乖離を明らかにすることを試みる。そこで彼は下記のような例をあげていく。

(1) 審美的愛の諸相
「フィガロの結婚」の小姓

感性的なものが目覚める。〔中略〕欲望はいまだ目覚めず、それはただ暗い予感にすぎない。（SV I, 66）

「魔笛」のパパゲーノ

愛に「ざわめき」、愛に「目覚め」、対象を探し求める。しかし、いまだ、「自己意識は」十分に発達していない。(cf. SV I, 70-76)

「ドン・ジョヴァンニ」のドン・ジョアン

誘惑者であることは、ある程度の内省と意識とを必要とする。そしてそれらが存在するや否や、その時の狡猾と陰謀と狡賢い計画について語ることが相応しいのだ。この意識がドン・ジュアンには欠けている。(SV I, 92)

『ファースト』のファースト博士とマルガレーテ

ファーストはドン・ジュアンと同様に悪魔的な人物である。〔中略〕彼は、感性的なものの中に喜びよりはむしろ心の気晴らしを探し求める。(SV I, 210)

彼の欲するものは女性の魂のもつ清らかで、豊かな、平穏で、直接的な幸せである。だが、彼はそれを精神的にではなく、感性的に欲するのである。(SV I, 212)

「誘惑者の日記」(『あれか―これか』第1部所収) の中の誘惑者 ヨハンネスとコーデリア

婚約のわずらわしさは常にその倫理的側面にある。審美的なものの天下では、すべてのものが軽やかで美しくはかない。倫理的なものがあらわれると、その時全てのものは厳格で、堅苦しく、無限に退屈になる。(SV I, 389)

以上のように、全ての人間がその自然的、無反省な状態にあるときに無自覚にとる「愛」の行為は、極めて無責任で直接的な喜

びや快楽に結びつくものであることが示される。しかし、本来人間は、そこにとどまるのではなく、やがて、「結婚」という一種の束縛とも思われる「愛」の形へと上昇していき、さらには、真の「愛」が必ずしも愛する相手と結ばれることに直結せず、むしろその逆の結果をもたらすことも同時に描かれる。また、道徳的、倫理的愛を越える「絶対者」への服従というさらなる高みにある「愛」の存在も示唆されるのである。その段階は「倫理的」愛の段階ならびに「宗教的」愛の段階と呼びうるが、それに関して以下のようにキェルケゴールは語っている。

(2) 倫理的愛から、宗教的愛へ

『あれか―これか』第2部に登場する陪席判事ウイリアムの口を借りて、結婚の倫理的妥当性について次のように述べられる。

> では、結婚式は何を成し遂げるのか？ それは人類の起源をしげしげと見つめさせ、そしてそれと共にその新しい結婚を人類という巨大な幹に接合するのである。結婚式はそれによって、普遍的なもの、本質的に人間的なものを提示し、それを意識の中に呼び覚ますのである。(SV II, 99)

水の精とそれに恋したアグネーテの関係を持ち出し、水の精と人間が結ばれる、すなわちその愛の成就は人間の側が水の中へと誘われて死を意味することであり、愛することにより愛する人を死へと導く故に、わざと嫌われるように振る舞い、愛を断念することで真の愛を表現するという真の「愛」のあり方も描かれていく。まさにここには、愛するが故に婚約を破棄せざるを得なかったキェルケゴールその人の姿が投影されていると言えよう。

さらに彼は、それ以上の「愛」の形を『おそれとおののき』の中で提示している。そこでは「旧約聖書」に見られるアブラハムとイサクの関係すなわち、

> そして神はアブラハムを試みて彼に言った。あなたの愛するひとり子イサクを連れてモリヤの地に行き、わたしが示す山で彼を燔祭としてささげなさい。(創世記 22:2)

との神の命令に従うアブラハムの人間的な愛を越える神への愛の服従という大きな問題を提議し、人間が通常考える「愛」のあり方に大きな揺さぶりを引き起こすのである。

Ⅳ 神の愛の体験から『愛のわざ』へ

34歳という限られた時間を覚悟していたキェルケゴールであったが、兄に続き自らもその運命的と考えていた年齢を無事に迎えることとなる[10]。ここにいたって、これまで「裁きの神」とのみ見えていた神が無限の愛を抱く「赦し」の神であるということを実感する。そこから新たなキェルケゴールの著作活動が始まる。『愛のわざ』は、そのような特別な事情から上梓された著作である。以下でそこで明らかにされる、キェルケゴールの「愛」の理解を探っていく。

---

10 1847年8月2日の日誌において、その喜びを「私が手中にしたすべての中で、しかし最高のものは、神が愛であるという、不滅の祝福に満ちあふれた考えである」と記している。

1 愛の源泉:『愛のわざ』から

『愛のわざ』の中でキェルケゴールは、「愛」の源流について次のように象徴的な表現をしている。

> 神は、この世を照らすすべての光線がそこから流れ出る光の中に住み給い、しかも光の道は人が光の方を向くとき暗闇と化するので、いかなる人も神をみるためにこれらの道をさかのぼって行くことは出来ないように、そのように愛は隠されたものの中に住み、あるいは最も深いところに隠されているのである。(SV XII, 17-18)

> 静かな湖には、人の目には触れない隠された源泉の流れがその基底に湧き出るように、その人間の愛はいっそう深く神の愛の内に基礎づけられているのである。もしその湖底にいかなる源泉もなく、もし神が愛でないとすれば、そこには小さな湖も人間の愛も存在しないであろう。静かな湖が深い源泉においてひそやかに始まるように、人間の愛は神の愛において神秘的に始まる。静かな湖はあなたがそれを見るべく誘いはするが、暗黒の鏡の反射があなたがその中をのぞき見るのを妨げるように、愛が神の愛のうちに持っている神秘的な基底はあなたがその源を見るのを妨げる。(SV XII, 18-19)

ここにおいて示されるように、人間の「愛」も単なる欲望ではなく、本来神の「愛」のうちにその源泉を有しているが、その本質を直接垣間見ることは難しく、さまざまな変遷、また、沈潜を経てその正体を伺い知ることが出来ると言うことが、まさにキェルケゴールの精神の血を流した経験から語られていると言えよう。さらに、神の「愛」のさらなる本質が次のように示される。

2 赦しの愛：『日誌』から

キリストにおいてすべてがあからさまにされる—そして全てが隠される。多くの罪を寛大に隠すキリストの愛そして神へのキリストの愛、すなわち、神の御心にかないそしてキリストがそのもとに多くの罪を隠し給う愛。(Pap. Ⅳ B144)

我々は愛とは何であるか、を神から学ぶべきである。神は実に我々を最初に愛し給うた方である。—そしてそれ故に我々の最初の教師であり、我々が神を愛することが出来るように、我々を愛することによって我々に愛を教え給うた。(Pap. IA89)

34歳を越え得た喜びが、ここには、あふれているが、キリスト教が示す「愛」、それは、イエスという一人の存在を通して、自らの「子」を犠牲にしても人類を救おうとする、まさにアブラハムがその息子イサクを犠牲に捧げようとした、無私の愛を神がすでに人類に示していることをここで明らかにしていると言えよう。さらに、そのような犠牲的な「愛」をすでに示された人間は、その無限の「赦し」と慈悲を理解し、そこから、「行い」として、また「わざ」として「愛」を実行するべく要求されていることが次のように示されるのである。

3 他者への愛の可能性：『愛のわざ』から

キリスト教の愛は、愛することは義務であるという見せかけ上の矛盾を含んでいること、これこそキリスト教の愛のまさにその特色であり、著しい特性である。(SV Ⅻ, 35)

愛することが義務であるとき、そのときにのみ愛は永遠に保証されるのだ。(SV XII, 44)

以上で語られるように、キェルケゴールの考える「愛」は、キリスト教的「愛」に他ならず、それは、イエスによって一回限り模範として示された「愛」を模倣することが一人一人に要求されているということを意味するものであることが明らかになる。

ま と め

ここまでキェルケゴールの個人史から彼の考える「愛」を概観してきたが、彼の愛の理解は『愛のわざ』の中に記される下記の叙述に集約されているといって良いであろう。

エロス的愛と友情は偏愛的であり、偏愛的情熱である。キリスト教の愛は、自己―否定の愛であり、従ってこの〜すべしを信頼するのである。(SV XII, 66)

すなわち、彼にとって真実の愛とは、自らの欲するところを断念し、あくまでイエスを通して示された犠牲の愛を「実践」する事に収斂していくことに他ならないと言えるのである。

※本文中『全集(第二版)』である、*Søren Kierkegaards Samlede Værker* udgivne af A.B.Drachmann, J.L.Heiberg og H.O.Lange. Anden udgave. København. Gyldendalske Boghandel, Nordisk Forlag. 1920. に関しては、国際慣例上に従って「SV」と表記し、また、『日誌・遺稿集(第二版)』である、*Søren Kierkegaard Papirer*, 2. udgave, udgivet af P.A.Heiberg,V. Kuhr og E.Torsting, forøgede af N.Thulstrup, bd.I‐XVI, København: Gyldendal, 1968‐78. は、「Pap.」と表記している。

第8章　愛の存在論

ティリッヒを手がかりに

近藤　剛

Ⅰ　問題状況

キリスト教思想において「愛」を問題にする時、真っ先に思い浮かぶのは、エロス (eros) の愛とアガペー (agape) の愛の対立的な構図である。その典型的な研究として、我々はアンダース・ニーグレン[1]を取り上げることができる。ニーグレンによれば、ギリシャ文化に由来するエロスは感覚的な愛であり、欲望、自己中心性、相手に対する要求などを特徴とする。それに対して、キリスト教が説くアガペーは神の恩寵（恵み）によって与えられるもの、全く無償のものであり、ギリシャ的なエロスの性質とは相容れない。ニーグレンは「われわれはキリスト教の愛の観念の研究に携わっているのであるし、キリスト教の愛はアガペーなのであるから、われわれがアガペーの観念に用いたのと同じ入念さで、エロースの観念の意義を決定することは、われわれに必要ではな

---

[1] アンダース・ニーグレン (1954、1955、1963)『アガペーとエロース』（Ⅰ、Ⅱ、Ⅲ）岸千年・大内弘助訳、新教出版社。

い」[2]と切って捨てている。

　このような対立的な構図は、ギリシャ的な愛と比較して、キリスト教的な愛を際立たせようとする単なる作業仮説の域にとどまるものではない。つまり、エロスとアガペーはヘレニズム（いわゆる非キリスト教的なギリシャ文化の思想）とヘブライズム（ユダヤ教とキリスト教の源泉である旧約聖書の思想）というヨーロッパ思想の基底をなす二大文化潮流の質的に異なる要素でもあり、問題の根は深いと言わざるを得ない。

　だがキリスト教神学の領域においては、専らアガペーの意義に強調点を置いてきた傾向がある。具体的に説明すると、アガペーとは自己犠牲の愛（ローマ 5:5-10）、隣人愛（ローマ 13:8-10, Ⅰヨハネ 4:7-21）、敵への愛（マタイ 5:43-48, ルカ 10:25-37）として示され、キリスト教的倫理の根幹[3]をなすものである。したがって、キリスト教神学がアガペーの解明に傾注してきたことは、十分に納得できることである。例えば、ニーグレン以降に行われた愛の研究を総括しているジーン・アウトカ[4]も、アガペーの規範性の理解に努めている。しかし、果たしてキリスト教の愛はアガペーのみで説明され尽くすものなのであろうか。キリスト教はエロスを対

---

[2] アンダース・ニーグレン（1954）『アガペーとエロース』（Ⅰ）岸千年・大内弘助訳、新教出版社、18 頁。

[3] アガペーの役割を倫理の形成という観点から考える時、神の愛を中心として隣人愛に広がる「愛の秩序」（ordo amoris）についても触れることが求められよう。アウグスティヌスに始まり、パスカルを経て、マックス・シェーラーに至る「愛の秩序」の思想史については、金子晴勇（2003）『愛の思想史 ―愛の類型と秩序の思想史―』知泉書館（特に第二部）が詳しいので参照されたい。

[4] ジーン・アウトカ（1999）『アガペー ―愛についての倫理学的研究―』茂泉昭男・佐々木勝彦・佐藤司郎共訳、教文館。

立的に捉えるだけでよいのであろうか。あるいは、エロス以外にも示される様々な愛の諸相は、キリスト教の愛から除外されてしまってよいのであろうか。

こうした問題を考えるにあたり本稿で参照したいのは、パウル・ティリッヒ[5]による「愛」に関する一連の考察である。基本的に彼の立場は、ニーグレンの所論に対して批判的である。例えば、次のような指摘に、そのことが表れている。「エロスとアガペーが統一され得ないのであれば、神に向かうアガペーは不可能である」(Tillich, 1951:282)。エロスとアガペーの対立の背後にあるヘレニズムとヘブライズムの思想的相克は、ティリッヒ自身の問題意識とも重なっている。彼は「総合」という神学的視座において両者の調停を図った。愛という題材に即するならば、ティリッヒはエロスとアガペーをカリタス(caritas)として総合したアウグスティヌスの問題意識を継承していると言えるであろう。差しあたり、愛の考察においてティリッヒが目指すところは「エロスとアガペーの和解されない対立」(Tillich, 1951:281)の是正であると指摘しておきたい。

さらに、ティリッヒは一般的な思想状況における愛の細分化ということに対しても批判的である。一例を挙げよう。社会学者ジョン・アラン・リーは西洋の哲学や文学において表れた愛の形を、エロス＝肉体的に強く惹かれる情熱的な愛、ルダス(ludus)＝遊興的で軽薄な愛、ストルゲー(storge)＝兄弟のような思いやり深い愛、プラグマ(praguma)＝実益を重んじる現実的な愛、マニア

---

[5] ドイツ生まれのプロテスタント神学者、宗教哲学者 (1886-1965)。ヒトラー政権下で追放され、アメリカに亡命した。主著『組織神学』全三巻は現代神学の形成に多大な影響を与えた。

（mania）＝執着する激しい愛、アガペー＝相手に対して忠実であり見返りを求めない愛というように分類している。たしかに、こうした愛の類型論は愛の多様な性質を際立たせることができる。しかしながら、愛の一つの側面を強調しすぎると、その他の側面を軽視したり、あるいは否定したりすることになりかねない。そうなると、愛そのものが細切れになり、多様な愛の関係性が分解されてしまうであろう。ティリッヒは愛の諸類型ではなく諸規定を問題にし、さらにその諸規定を結び合わせている紐帯に着目し、愛の統一的な把握を目指そうとする。

　本稿では、「愛の存在論」（ontology of love）を中心としながら、ティリッヒ神学における愛の概念を論じたい[6]。その際、愛がテーマ化されている後期[7]ティリッヒの著作『愛・力・正義』を主たる分析対象とする。必要に応じて後期の『組織神学』や『道徳と超越』を参照し、部分的には前期ティリッヒの議論にまで遡る。

6　最近の研究状況であるが、包括的なものとして、アレキサンダー・アーウィンの研究を挙げることができる。この研究では、ティリッヒがエロス概念の神学的意義を再発見したこと、ティリッヒ神学とフェミニズム神学に関連性が認められることなどが論じられている。A. C. Irwin (1991): *Eros toward the World, Paul Tillich and the Theology of Erotic*, Fortress Press を参照。また今井尚生の研究では、自己愛の問題をめぐるティリッヒと社会心理学者エーリッヒ・フロムの関係が論じられている。両者の間で実際に議論が交わされたこともあるので、同時代における比較研究として興味深い。今井尚生（2002）「ティリッヒとフロム ―自己愛を巡って―」『ティリッヒ研究』（現代キリスト教思想研究会）第5号、19-33頁を参照。

7　ティリッヒ思想の発展段階に関する区分については、芦名定道（1995）『ティリッヒと弁証神学の挑戦』創文社、166-171頁の議論に依拠している。第一次世界大戦までを「初期」、第一次世界大戦後から1933年までを「前期」、1933年から第二次世界大戦終結までを「中期」、1946年から1960年までを「後期」、それ以後を「晩年期」と設定する。

問題点としては、エロスとアガペーの対立をどのようにして是正するのかということ、また様々に広がっていく愛の諸規定をどのようにして統一的に把握するのかということである。

II　愛の存在論

ティリッヒは「愛は存在論的概念である。愛の情緒的要素は愛の存在論的本性の帰結である」(Tillich, 1951:279) と主張している。このテーゼは何を意味しているのであろうか。ティリッヒは愛を情緒的 (emotional) に捉えるのみならず、存在論的 (ontological) に解釈しようとする[8]。簡単に説明すると、存在論 (ontology) とは全ての存在している者が存在者である限り持っている共通なもの、あるいは存在している在り方を根本的に規定している何らかのものについて考察する学問のことである。存在論的な解釈の方法は古代ギリシャのアリストテレスにまで遡り、20世紀においてはマルティン・ハイデガーの哲学に顕著である。また、存在の問題を愛との関係で論じようとするのは、現代の宗教哲学の一つの傾向でもある[9]。ここでは、ティリッヒが愛を論じる時、人間存在の根本的な問題がクローズアップされていることを確認しておきたい。

8　愛の存在論的役割が重視されているという意味で、ティリッヒが注目する思想系列は、エンペドクレス、プラトン、アウグスティヌス、スピノザ、ヘーゲル、シェリング、実存主義、深層心理学などである（cf., Tillich, 1954:586）。
9　例えば、エバハルト・ユンゲルやポール・リクールなどの議論を参照されたい。

先ずは、愛の持つ情緒的なイメージを考えてみよう。愛は甘美な情感を醸し出す。愛は温かさを感じさせる。愛は幸福や満足といった感情を呼び起こす。深まった愛は激情になる。現象面で見れば、たしかに愛は情緒的である。しかし、ティリッヒによれば、愛は単なる情緒的なものにとどまらず、人間の存在様態に関わるものと理解される。人が愛の内にある瞬間とは、自分から離れてしまったものや失われてしまったものと再び結ばれることが予期されて、その幸福と満足が想像において経験されることを意味する。つまり、愛の関係において生起するのは、分離されたものや喪失されたものとの再統一（reunion）であり、それが人間の在り方を決めるのである。再統一を予期するのが情緒としての愛ならば、再統一の状態そのものに関係するのが存在論的な愛である。ティリッヒの特徴は、愛を情緒的な領域から存在論的な領域へと引き上げたことにある。

　では、人間存在における再統一の状態とは何か。その事態と愛は具体的にどのように関わるのか。それらを明かにするのがティリッヒの提唱する「愛の存在論」に他ならない。その基本的テーゼは、次のように示されている。「生は現実性における存在であり、愛は生を動かす力である」(Tillich, 1954:595)。このテーゼを読解するためには、ティリッヒ特有の議論を理解しておく必要があるので、順を追って説明していきたい。

(1) 愛・力・正義の存在論的統一

　『愛・力・正義』において、ティリッヒは人間存在の構造的要素として愛、力、正義の三概念を扱っている。これらの概念は人間存在の本性に根差し、「存在論的統一」(ontological unity)

をなしており、「存在自体における諸構造の三位一体」(Tillich, 1954:594) を示している。通常、愛は情緒的なものとして、力は強制的なものとしてイメージされ、対立関係に置かれることが多い。その場合、愛は力の放棄であるとか、力は愛の否定であるとか言われたりする。しかし、ティリッヒは、そのような通俗的なイメージを一掃し、それらを人間存在の構造に深く関わるものとして解釈する。彼の立場は、以下の引用において明確化されよう。「愛、力、正義に関する諸問題は、それらが通常取り扱われているような漠然とした話、アイディアリズム、シニシズムから救い出されるために、存在論的基礎付けと神学的観点を絶対的に必要とする」(Tillich, 1954:639)。

愛、力、正義の三概念は様々な状況において適用されるわけだが、問題となるのは、それらの使用法を決定する「根源的意味」(root meaning) である。「根源的意味」とは、様々な状況から派生されてくる多様な個別的意味よりも論理的妥当性において優越するものであり、人間が世界と出会い、世界を認識する時に用いる諸概念の根底に普遍的に存在するものである。この「根源的意味」を明らかにするために、ティリッヒは存在の基礎的構造を記述し、実在を分析し、存在の構造的要素を見出すといった存在論的分析を行う[10]。それぞれについて、解説を続けていこう。

(2) 愛と人間存在

キリスト教の理解では、人間は神によって創造された被造物であると考えられている。ティリッヒは、その被造性を「本質的善性」

---

[10] 方法論としては現象学的になるので、愛の存在論はマックス・シェーラーの現象学などと比較できるであろう。

(essential goodness)として解釈する。分かりやすく言えば、人間は本質的に善いものとして造られているということである。しかし、被造物であるということは、人間が神のマリオネット（操り人形）にすぎないことを意味しているのではない。というのも、人間には自由が与えられているからである。様々な選択の可能性を（もちろん悪の可能性も）自由に考量した上で、善を選び取ることができるから、人間は尊いのである。しかし、我々の経験が明らかにするように、自由に考えて選んだ結果が常に最善であるとは限らない。実際、選択には後悔がつきまとう。そもそも、人間は限りある存在（有限存在）であるから、選択するにも限りがある。一つの可能性を実現させると、その他の可能性が犠牲になる。人間は無限の可能性を実現できないことに苛立ちを覚える。いつも不満が残る。そこに様々な葛藤、矛盾、苦悩が生じる。こうしておけばよかったのではないか、ああしておけばよかったのではないかと、人間は不安になる。自分が選択した結果に対して責任を負うこともままならなくなる。ついに、人間の自由は恣意（我侭、身勝手）に転落し、責任転嫁が始まる。そして、本来あるべき姿が見えなくなり、主体性が失われる。望まれた善を行うことができなくなる。それがティリッヒの解釈する「罪」[11]の状態である。

　ティリッヒの考えでは、現実に存在する人間（実存）は、本質的な在り方からかけ離れてしまっている。例えば、今の自分が本来あるべき自分自身から外れてしまっていると思うことはないだろうか。悪意に傾く自分自身を発見して、戦慄することはないだ

11　罪を表すハッタース（ヘブライ語）、ハマルティア（ギリシャ語）の原義は「的外れ」ということであり、本来あるべきところから逸脱することを意味している。

ろうか。実存は、我々の存在の根拠である本質的善性から乖離し、本来的自己を喪失してしまっている。それがティリッヒの人間理解であり、その状態は「実存的疎外」(existential estrangement)と呼ばれる。我々の課題は、この実存的疎外を克服することにある。つまり、分離されたもの、喪失してしまったものを取り戻して、それと再び結び合うことを求める。したがって、ティリッヒの言う再統一の事態とは、実存的疎外の克服であり、疎外されてしまった本来的な在り方へと帰還することに他ならない。これを実現するのが、生 (life) [12] のプロセスである。

ティリッヒ思想において、生のダイナミズムは、自己が自らを越え出て新しいものへ向かい、再び自己へ戻ってくるプロセスとして叙述される。この一連のプロセスにおいて働く生の機能が、「自己統一」(self-integration) と呼ばれるものである。「自己統一」とは、生の内的平衡を保たせる「中心性の原理」(principle of centeredness) に基づき、中心ある自己から越え出て、自己の変化を経て、自己へと帰還する生の機能である。「自己同一」(self-identity)、「自己変化」(self-alteration)、「自己帰還」(return to one's self) といった中心性から中心性への「生の循環運動」(circular movement) が生を活性化する。

愛、力、正義は、このような生のプロセスにおいて構造的に機能し、再統一を推進するものであると考えられている。前述したように実存は有限であり、常に非存在の脅威に晒されているので、無くなってしまうことに対する抵抗を試みなければならない。そ

---

12 ここで扱う生は、生命、生存、人生、生活、生気などの包括概念として理解されたい。

の際に必要となるのが力である。力とは「内外の否定性にかかわらず自己を肯定する可能性」(Tillich, 1954:602) として規定されているが、要するに「非存在を克服する可能性」(Tillich, 1954:602)のことである。この可能性を現実化しようとする全ての存在者に備わった要求は「分離されたものの再統一の形式」となる。ティリッヒによれば、この形式（Form）[13]が正義である。正義は存在と存在の出会いに形式を与え、分離されたものの再統一を実現する。言わば、愛による力の行使が正義となって表れるのであり、それが人間存在を本来的に形作るものとなる。そして、愛は「分離されたものを再統一へ駆り立てるもの」(Tillich, 1954:597)であり、人間存在の構造を形成する上で最も重要な働きを担う。なぜならば、存在するものを他の存在するものへと駆り立てる愛がなければ、存在は現実化されないからである。愛がなければ、力も正義も十全に機能せず、生のプロセスは停滞してしまうであろう。例えば、正義と力は分離されると形式主義的な正義と恣意的な力と化し、他に対して破壊的となり、挙句の果てに自己破壊的になる。正義と力は、それらを統合する共通の原理、即ち愛を目指すことにおいて本来の機能を発揮する。つまり、存在の形式としての正義は、適正な力の行使によって「愛の秩序」を創出しなければならない。力なき正義は文字通り無力であり、愛なき正義は力の暴走を阻めない。

　まとめておこう。人間存在は本質的善性や本来的自己から疎外されている。しかし、自身の創造的根拠につながる紐帯を完全に

13　この場合の形式とは存在の統合形式のことであり、形式主義的な形式を意味しない。

切り離すことはできない。分かりやすく言えば、我々は心の内に善性を持っているし、本来の自分を知っている。だから、現実の在り方が歪んでいるのではないかと気付くことができる。さらに、人間は確固とした中心を持った人格である。この意味で、人間は自分自身と統一されていなければならない（自己統一）。そこでは、再統一する愛、非存在に抵抗する力、創造的な正義が働いている。こうした解釈において、愛は人間存在を常に再統一へと駆り立てていく原動力であり、存在論的統一を可能にする結束力であることが分かる。

(3) 愛と生

　愛と生の関係をめぐるティリッヒの思索には、ヘーゲル哲学の影響があると指摘されることがある[14]。ティリッヒはヘーゲルを「愛の思想の第一級の解釈者」(Tillich, 1932:139) として評価し、論稿「若きヘーゲルとドイツの運命」[15]において次のようなヘーゲルの考え方を引用している。「宗教は愛と一つである。愛される者は我々に対立させられているのではない。彼は我々の存在と一つである。つまり、我々は彼の内に我々を見るのである。だがし

14　この点に関しては、芦名定道（1999）「前期ティリッヒとヘーゲル」組織神学研究所編『パウル・ティリッヒ研究』聖学院大学出版会、166-198頁を参照。

15　ティリッヒのヘーゲル論は後期のキリスト教思想史講義（Tillich, 1967）においても確認されるが、最も精密に展開されているのは前期のフランクフルト講義（Tillich, 1931/32）である。ティリッヒ自身の思想形成を解明していく上で、その分析は避けられないであろう。しかし、ここでは専門研究を意図していないので、大部のフランクフルト講義ではなく、その副産物であると思われる論稿「若きヘーゲルとドイツの運命」（Tillich, 1932）を参照する。

かし、その場合でも彼は我々ではない。これは、我々が把握することのできない奇蹟なのである」(Tillich, 1932:140)[16]。この引用から明らかなように、我々は愛において相手と一つになることができる。しかし、愛は相手を自分と同一化することではない。愛において、それぞれの個性は失われない。愛は人格と人格の理想的な出会いとならねばならない。こうしたヘーゲルの考え方は、ティリッヒの強調するところでもある。

ヘーゲルは「生は愛の内で生を再び見出した。(中略) 生が自らを引き裂き、再び自らを統一するのである」(Tillich, 1932:143)[17]とも語る。ヘーゲルによれば、愛は生の内的な自己分裂を再統一するものであり、一切の対立は愛において解消(和解)される。ヘーゲルは、自己自身を分裂させ、対立するものを作り出した生が、再び自己自身を見出し、自己自身と和解し、自らの根源的統一へと帰還していくプロセスを示しているが、ティリッヒの生のプロセスも同じ軌道を描いている。ヘーゲルの考え方を受けてティリッヒも、「愛は主観と客観の統一であり、この対立の克服である」(Tillich, 1931/32:205) と主張している。生の理解をめぐるティリッヒとヘーゲルの関係については、さらなる考察を必要とするが、本稿の範囲では断念せざるを得ない。ここでは、両者が注目している生のプロセスにおける愛の役割を確認するにとどめておこう。

---

16 ティリッヒが引用しているヘーゲルの初期神学論集(ヘルマン・ノール編集)の頁数を示しておく。Vgl., hrsg., Herman Nohl (1907): *Hegels theologische Jugendschriften*, Tübingen, S.377.

17 Vgl., ibid., S.289.

Ⅲ　愛の両義性の克服

　上述してきた「愛の存在論」は、抽象度の高い議論である。したがって、それは愛の成就の経験を通して具体的に吟味されねばならない。議論の場が経験に移ることで、愛は具体化する。そして、ここで多様な愛の諸規定を論じることができるようになる。愛の経験を考える時、愛の両義性(Ambiguity)が問題になる。ティリッヒによれば、生は両義性を伴っている。例えば、生が全くの善であれば、それは生とは呼べず、単なる生の可能性ということになる。他方で、生が全くの悪であれば、非存在が存在を征服することになり全ての生は絶無する。つまり、生は善と悪が混在していてこそ生なのであり(本質的善性と実存的疎外という人間存在の規定に対応している)、生は全ての表現において両義的にならざるを得ない。愛もまた、その例外ではない。

　経験において、愛は両義的に表れてくる。というのも、愛が成就されたとしても、それは極度の幸福であるとともに一つの愛の終焉だからである。また、経験的な愛は魅惑と嫌悪の間を揺れ動き、情熱と同情に依存し、両義的な相貌を見せる。以下で取り上げるような様々な愛の要素、エピスミア(epithymia)、リビドー(libido)、エロス、フィリア(philia)は、その時々の状況において変化し、偶然的な性格に依存している。しかし、愛の存在論において確認したように、愛の根源的意味は全ての形式における分離の再統一への衝動である。そうであるならば、経験的な愛が両義的であったとしても、また多様な諸要素に分かれて表出されていったとしても、ただ一つの愛の本性が理解されるはずではない

か。以下、様々な愛の要素について、ティリッヒの取り上げる事例を列挙していきたい。

(1) エピスミア、リビドー

　ティリッヒによれば、エピスミアやリビドーは、愛の最低級の性質であるとされ、しばしば官能的な自己充足と同一視される。人間は、食物、運動、成長、集団への参与、性的合一を欲求するが、これらの欲望の充足には快楽が伴う。つまり、充足された欲望は快楽であり、充足されない欲望は苦痛である。生を快楽の追求と苦痛の回避からのみ構成すれば、生は曲解されてしまう。

　ティリッヒはエピスミアやリビドーを生命的な自己充足への正常な衝動であると捉える。生において、自らに欠けているものを求め、分離しているものを引き寄せようとする欲求は必ず起こるものであり、それは肯定されて然るべきである。但し、フロイトの言うような無限のリビドー的衝動は生を快楽原理の圧倒的な支配下に置き、欲望を無制限にする。ティリッヒによれば、この無制限な欲望は情欲（concupiscentia）と化し、生を倒錯させる。例えば、性欲を例として取り上げてみよう。性欲は性欲として悪なのではない。他の存在者を再統一の対象として見ることは認められる。しかし、他の存在者が快楽獲得の道具として使用された場合、他の存在者の人格の中心が無視された場合、それは悪となる。エピスミアやリビドーにおいて欲求されているのは、実のところ快楽それ自体ではないのである。それは、欲望を充足してくれる対象との再統一であると考えられねばならない。

(2) エロス

　エロスは性愛、肉体的欲求として考えられるが、それは単なる官能や露骨な欲望ではない。そうしたエロスの矮小化は、エピスミアやリビドーとの混同による誤解である。エロスは命を実らせる愛である。それはソクラテスによって物語られるディオティマの「美の階梯」[18]を駆け上がり、肉体的な美への欲求から美のイデアへと飛翔する。それは真・善・美を直観しようとする哲学的な衝動であり、イデア界に対する知性的な魂の情熱である。

　ティリッヒはプラトン的なエロスを文化的創造における衝動力と解釈し、エロスの根底に流れている存在者の志向性（appetitus）を積極的に擁護する。つまり、他の存在者との合一によって自己を充足させようとする全ての存在者の志向性は普遍的なものであって、このこと自体は存在の本質的善性に矛盾しない。なぜならば、分離されたものと再統一したいと願う憧憬は被造的善性の本質的性質に属すると考えられるからである。ティリッヒは、自己の本源と再統一されたいというエロスは正しいと言う。例えば、エロスなしの神への愛は考えられない。神への愛は神への服従によって代置されるものではなく、より低い善から最高善（summum bonum）へと高揚していくエロスの憧憬によって象徴されてよいものなのである。したがって、ティリッヒは「真理へのエロスが

18　この話の出典は、プラトンの『饗宴』である。「美の階梯」は、ソクラテスがディオティマという女性から伝え聞いた話として紹介されている。美の眺望は、美の階段を一段ずつ上がる度に開けてくるという。一人の美しい肉体を愛する段階から始まり、複数の美しい肉体の中に宿る美しさの同一性を知るようになる。次の段階では、肉体に勝る心や魂の美しさに目を向けるようになる。最終段階では、知において永遠不滅の絶対的な美を認識し、美そのもの（美のイデア）に至る。

なければ、神学は存在しない」とまで言い切っている。ティリッヒの主張を認めるならば、キリスト教思想におけるエロス概念も十分に検討されるに値する。但し、エロスは文化的創造において美の超然性を誘発し、文化から責任性を削ぎ落とすことになるので、批判される余地がある。

(3) フィリア

フィリアは同等なるものの間の人格対人格の愛である。フィリアは差別的で選択的な愛を打ち立てる。回りくどい言い方であるが、フィリアにおいては、あるものが優先的に選び出され、大多数のものが排除されることになる。つまり、選ばれた関係の中に入ることを許されない人は排斥される。しかし、ティリッヒによれば、このことは避けられないのであり、悲劇的であると言うしかない。なぜならば、全ての人が必ずしも友人であるわけではないからである。但し、フィリアは相手次第によりマゾヒスティックな隷属、サディスティックな支配、両者の相互依存のための相互利用に歪められることがあり、最高の友情を装っていても、その実体は正義のない強制となる場合もある。

(4) アガペー

以上に見たように、様々な愛の要素は現実において両義的なのであるが、それらを一義的（unambiguous）な状態へと収斂させていくのがアガペーなのである。アガペーは生の根拠への関係における愛であり、様々な愛の中に割り込んでくる。ティリッヒはアガペーを次のように規定している。「アガ・ペ・ー・は・愛の質、つまり、自己超越を表わし、あるいは愛における宗教的要素を表わす質な

のである」(Tillich, 1963b:668)。

『道徳と超越』では、アガペーは究極的規準として位置付けられている。このことに関して、倫理に対する愛の適用を例に取って補足説明しておきたい。キリスト教的倫理では、神を愛し、隣人を愛するように要求される。しかし、もしも愛が単なる情緒であれば、要求されることができなくなる。なぜならば、情緒は要求されるものではないからである。ティリッヒによれば、故意に作り出された愛は転倒した形の無関心であるか（例えば「人類愛」という美名に隠されたある種の偽善）、または敵意を表わしている。情緒的な愛は道徳的命法としては耐えられないので、存在論的な愛が求められるのである。存在論的に捉えられた愛のアガペー的な質が道徳的命法の究極の規範になり、その超越的源泉を指示することができる。というのも、アガペーは人間の有限的な諸可能性を超越しているからである。こうしたアガペーの規範性が様々な愛の要素を結合させ、その両義性を一義的に統一させるわけである。「愛の自己超越の要素としての・ア・ガ・ペ・ーは、普通、・エ・ピ・ス・ミ・ア——愛のリビドーという性質、・フ・ィ・リ・ア——愛の友愛という性質、・エ・ロ・ス——愛の神秘的な性質、として記述されるような他の要素から分離されない。これらの全てにおいて、我々が「分離されたものの再統合への衝動」と呼んできたものが機能しており、これらの全てがアガペーの判断の下にある」(Tillich, 1963b:668-669)。このことを具体的に説明すると、次のようになる。

①アガペーは生来の欲求を否定しない。しかし、アガペーは他者をその中心において求め、エピスミアやリビドーを矯正する。

②アガペーは真、善、美(神的な源泉)に向かうエロスの憧憬を否定しない。しかし、エロスが究極的な真剣さの欠けた美的享楽になることを阻み、文化に責任性を伴わせる。

③アガペーはフィリアの選択的で差別的な愛を否定しない。しかし、アガペーは快不快によらないで無制約的に他者を肯定するので、差別的な愛を普遍的な愛に引き上げようとする。ティリッヒによれば、友情の選択性は否認されないが(カントの傾向性の議論とは対極的な立場にある)、全ての人間が人格として肯定されねばならない。高められたフィリアは、他者の人格的完成を求める。

そして、ティリッヒは次のように主張する。「仮にこれらの愛の性質が優勢であっても、愛は一つである。それらの性質のどれ一つとして完全になくなることはない。例えば、フィリアには憐憫(compassion)の要素が、アガペーにはエロスがあり、真の憐憫にはアガペーの質がある」(Tillich, 1963b:669)。具体的な事例を列挙しながら、この見解について補足説明していこう。

①他者への参与が他者とのスタティックな同一化に陥らないようにするのが、アガペーの要素である。

②アガペーが愛の律法への単なる服従にならないように、憐憫の要素がある。

③合理的であるとともに神秘的なエロスに規定された古典文化(具体的には古代ギリシャ文化)をキリスト教が受容できたのは、アガペーにおけるエロスの要素とエロスにおけるアガペーの要素(つまり、エロスとアガペーの相互浸透的な関係)である。

④文化が真剣さを欠く単なる享楽になることを防止するのは、エロスにおけるアガペーの要素である。

⑤愛することのできない神にひたすら献身するような態度がアガペーであるというような誤解を生まないために、アガペーにおけるエロスの要素が重要となる。というのも最高善へ向かおうとするエロスなくして、神への真の愛は存在しないからである。

⑥リビドーの要素はエロスやフィリアにおいてはもとより、アガペーという最高の形態の内にも絶えず現前している。

以上の考察から、次のような結論が得られる。「愛は一つである。愛の異なる性質は相互に孤立し、敵対するかもしれないが、相互に属している。全ての状況において決定的なものはア・ガ・ペ・ー・である。なぜならば、愛は正義と結合し、人間的な愛の有限的な制約を超越するからである」(Tillich, 1963b:669-670)。

Ⅳ 愛の多次元的統一

愛には様々な要素があり、行為の内容によっては、いずれかの要素が強く働く場合がある。しかし、それらはアガペーによって統合され、生の全体性において一つの形を作る。このことは愛の根源的意味に適っていると言えよう。即ち「愛の存在論は、愛は一つであるという根本的な主張に導く」(Tillich, 1954:597)。

愛の役割はティリッヒの「生の次元論」[19]においても展開できる。ティリッヒのイメージでは、人間の生は相互に還元されず、

---

19 この点については、近藤剛（2004）「癒しの神学 ―ティリッヒを手掛かりに―」『神学研究』（関西学院大学神学研究会）第51号、127-142頁で詳しく論じているので、参照されたい。

相互に浸透的であるような諸次元、例えば、物理的次元、化学的次元、生物的次元、心理的次元、精神的次元、歴史的次元などの統一（unity）として考えられている（cf., Tillich, 1963a:17-30）。原子においては、ただ一つの次元（無機的次元）が現実である。有機体においては、その活動の中で進行している物理的次元と化学的次元、全体としては生物的次元が現実である。人間においては、想定され得る全ての次元が現前しているが、優位に現れてくるのは自己意識（self-awareness）に目覚める心理的次元であり、感覚印象、感情、衝動などの様々な素材を認識的行為（分別、除去、結合）や倫理的行為（選択、決断）において統合する精神的次元である。さらには、人間の社会的活動の連続性と共同体の持続性は、歴史的次元を開示する。要するに、人間存在とは様々な次元の「交差点」であり、関わりある全次元が一つになっている「動的統一体」である。「生の次元論」では、これを「生の多次元的統一」（multidimensional unity of life）と呼んでいる。生の諸次元が多面的であるのと同様、愛の諸相も多面的であると言えよう。しかし、それらは細分化されたままではなく、相互に関係しあうことによって一つの形、つまり人間の生を形成していくのである。

　ティリッヒによれば、リビドーは「要求を充たすものに向かう求めるものの運動」として、フィリアは「等しいものとの結合に向かう等しいものの運動」として、エロスは「力と意味における低いものの高いものへの運動」（Tillich, 1951:280）としても説明されているが、これらの愛のベクトルが交差するところに、その人の人間性（人格）が立ち表れてくるのである。「生の多次元的統一」に照応させるならば、〈愛の多次元的統一〉（multidimensional unity of love）という表現も可能であろう。

しかしながら、現実において、愛が完全に成就することはない。それは、あくまでも断片的予期（fragmentary anticipation）として与えられるにすぎない。愛の表れが断片的であるからこそ、その一瞬の煌めきがより美しく見えるのかもしれない。これで完結したという愛はない。我々にとって大切なのは、両義的な愛を一義的な愛へと高めていく生のプロセスそのものである。その道に終わりはない。我々は絶えず、愛の成就を求め続けねばならない。愛は無限なのであって、そのことが我々に喜びと悲しみをもたらすのである。愛と生は分かち難く、強く結びついている。愛することは生きることであり、愛されることは生かされることである。そのことに気付き、生を充実させ、人生の質を高めようとすることが、現代における愛の可能性であると言えるのではないか。

【引証文献一覧】

GW: *Paul Tillich, Gesammelte Werke*, Stuttgart 1959-1975.
EW: *Ergänzungs- und Nachlaßbände zu den Gesammelten Werken von Paul Tillich*, De Gruyter: Berlin/ New York 1971-.
MW: *Paul Tillich Main Works/ Hauptwerke*, De Gruyter: Berlin/ New York 1987-1998.
Tillich (1931/32): *Vorlesung über Hegel* (Frankfurt 1931/32), in: EW.VIII.
Tillich (1932): *Der junge Hegel und das Schicksal Deutschlands*, in: GW.XII.
　［邦訳 (1999)「若きヘーゲルとドイツの運命」（『ティリッヒ著作集《新装復刊》』第10巻所収）武藤一雄・片柳栄一共訳、白水社］
Tillich (1951): *Systematic Theology* Vol.1, The University of Chicago Press.

［邦訳 (1990)『組織神学　第一巻』谷口美智雄訳、新教出版社］
Tillich (1954): *Love, Power, and Justice, Ontological Analyses and Ethical Applications*, in: MW.3.
　　［邦訳 (1999)「愛・力・正義」(『ティリッヒ著作集《新装復刊》』第9巻所収) 大木英夫訳、白水社］
Tillich (1963a): *Systematic Theology* Vol.3, The University of Chicago Press.
　　［邦訳 (1984)『組織神学　第三巻』土居真俊訳、新教出版社］
Tillich (1963b): *Morality and Beyond*, in: MW.3.
　　［邦訳 (1999)「道徳的行為の宗教的基礎」(『ティリッヒ著作集《新装復刊》』第2巻所収) 水垣渉訳、白水社］
Tillich (1967): *Perspectives on 19th and 20th Century protestant Theology*, in: *A History of Christian Thought*, ed., Braaten, C.E., Simon and Schuster: New York 1972, pp.297-541.
　　［邦訳 (1997)『キリスト教思想史Ⅱ　宗教改革から現代まで《新装復刊》』佐藤敏夫訳、白水社］

※邦訳のあるものについては参照しつつも、訳語の統一性などの問題から、引用は全て原文からの私訳による旨、明記しておく。

第9章 《神への愛》と《隣人愛》

カール・バルトにおける《自己愛》をめぐって

平林孝裕

は じ め に

愛の使信がキリスト教の中心内容をなすことに異論はないであろう。まさに「愛はキリスト教的生の内実(das Wesen des christlichen Leben)である」(I/2, 409)との主張も決して言い過ぎではない。キリスト者の生は愛をもって始まり、愛をその目的(テロス)とすると言うべきである。確かに愛はキリスト教の中心にほかならない。しかしながら、ブルトマンも指摘するように[1]、イエスの言葉に、愛についての言及は限られており、その使信の内容は必ずしも詳細ではない。また、新約聖書の他の箇所でも、愛をめぐっての見解が明快な一致を見せていないことが問題

---

[1] ブルトマンによれば、愛の戒めは「重要な場所にあらわれるとは言えるけれども、それにしてはあまりに稀なので、イエスもその教団も愛の要請をもって特別の倫理的プログラムを設定しようとはしなかった」と述べる。しかし同時にそれは「イエスの宣教の連関の中にあらわれると、その全き真摯さを獲得する」と断言している (ブルトマン 1963:113)。

をさらに複雑にしている[2]。さて、この限られた、愛をめぐる議論のための典拠のなかでも最も重要であったのは愛の二重の戒めとして知られる箇所（マルコ 12：28–34、およびマタイ 22:35–40; ルカ 10:25–28）であった。

> 29 イエスはお答えになった。「第一の掟は、これである。『イスラエルよ、聞け、わたしたちの神である主は、唯一の主である。30 心を尽くし、精神を尽くし、思いを尽くし、力を尽くして、あなたの神である主を愛しなさい。』31 第二の掟は、これである。『隣人を自分のように愛しなさい。』この二つにまさる掟はほかにない。」

イエスのこの言葉をめぐって神学思想史においてさまざまに議論が展開されてきたことは広く知られている[3]。キリスト教的愛は、この箇所を典拠に「愛の秩序」として総合されたが、ルターがのちに批判するように、少なからず問題をはらんでおり、とりわけそれは《自己愛》をめぐって顕在化するのである[4]。

この二重の愛の戒めをめぐる諸問題を、カール・バルト（Karl Barth, 1886–1968）の所論を通して考えることが本論の目的である。バルトは『教会教義学』「神の言葉」2章18節および「和解論」

---

2 パウロは、互いに愛し合うことが律法を全うすることだと述べると同時に、「隣人愛」をすべての掟の要約であると主張する（ローマ 13:9）。またヨハネ文書は「互いに愛し合う」ことこそが端的にイエスの「新しい掟」であると宣言する（ヨハネ 13:34、およびⅠヨハネ 3・4章）。
3 金子晴勇による愛の秩序をめぐる研究（1989）を参照。
4 Nygren 1936:500–539. ニーグレンは、ルターにおいて、愛の概念における、カトリック的自己中心性（egocentorisk）からプロテスタント的神中心性（teocentorisk）へのコペルニクス的転換が生じたと判断する。また、金子（1989）、122頁以下参照。

15章68節において、この問題に集中的に取り組んでいる[5]。そこで本論は以下のように展開される。第1節において、愛の秩序を素描して、その自己愛の取り扱いに含まれる問題点を指摘する。第2節では、バルトによる二重の戒めに関する議論を検討して、彼の愛理解が、神への愛と隣人愛との同心円構造をなすことを確認する。第3節において、さらにその自己愛の理解に進むこととしたい。このようにして、バルトにおける二重の愛の戒めの理解に示されたキリスト教的愛の特徴を明らかにしたいと考える。

I　愛の秩序[6]

キリスト教思想史において、今日のような愛の秩序をはじめて定式化したのは、アウグスティヌス（354-430）だとみなされている。彼は『神の国』で次のように「愛の秩序」の思想を述べている[7]。

> しかるに、教師なる神は二つの主要な戒めを、つまり神への愛と隣人への愛とを教えており、人間はその戒めのうちに神と自己自身と隣人という三つの愛すべきものを見いだし、かつ神を愛する者は自己を愛することにおいて誤らないので、人間は自分自身と同じように愛することを命じられている隣人が、神を愛するように助けな

5　バルトは、ニーグレンの研究を参照しつつ、その成果を高く評価しつつも、この研究が、「ルターが行った《断絶》と彼の《アガペー的愛》の再建とによって結着に達した一つの歴史として、叙述した」（IV/2, 837）ことを批判している。

6　以下の記述については、ニーグレンの研究の他、金子（1989）およびアーレント（2002）に依拠した。

7　『神の国』19章14節（金子1989:106）。

ければならない。

　アウグスティヌスによれば、愛とは欲求であり、欲求は人間的生の中心を為している[8]。そしてこの欲求が求める対象が《善きもの》(bonum) である。欲求の対象＝善きものは人間には所有されていないがゆえに、その対象を獲得し保持しようと渇望する。ここには、愛 (amor=ἔρως) をペニア (欠乏の女神) の子として描き出すプラトニズム的理解が看取される。愛がこのように所有への欲求として描かれるとき、同時にそれは「失うことの恐れ (metus)」でもある。愛が欲求として幸福であるためには、善きものの所有・保持をどのように確保するかが重大な課題となる。

　人間がこの愛の対象をこの世のうちに、時間的なものに求めたときに、それは挫折せざるをえない。時間的存在は朽ちるものであり、したがって失うことを逃れ得ず、生に平安 (quietas) を与えないからである。移ろわない対象、永遠なるものへの愛だけが人間の生に平安を与えることが、ここから明瞭となる。この永遠なるものが神にほかならない。ここにおいて欲求の最善の対象としての神が現れる。かくてアウグスティヌスは、この世に対する欲求、誤った愛としての欲望 (cupiditas) と、神への欲求、真の愛としての愛 (caritas) とを区別するに至る。

　ところで、真の愛の対象たる神はどのように見いだされるのであろうか。誤った愛、欲望はこの世の中に自己を離れて充足を求めた。つまり愛は自己の外へと向かう限り、そこに充足を見いだすことはできない。「わたしは、あなたを私の外にたずね求めて

8　amor appetitus quidam est. (Nygren 1936:281-282.)

も、《私の心の神》を見いださなかった」[9]のである。アウグスティヌスはここから自己へと帰還することで、自己を問い尋ねることで神を見いだす。

> 私の神を愛するとき、……私が愛するのは、内なる人の光であり、声であり、香気である。……いかなる場所にもとらえられることのない光が私の魂を照らし、いかなる時にも奪いさられることのない声がひびき渡る。……そしてそこには飽くことも離れることもない抱擁がある。私が愛するのはまさにこのようなものである[10]。

神は、アウグスティヌスによって「内なる人」において見いだされ愛される。人間は、神への愛の内で永遠に息らうことができる。

しかしながら、現実の自己は朽ちゆく存在にほかならない。人間が自己に帰還し、自己の内に神を発見するにしても、その探求によって明らかになるのは死すべき自己にほかならない。自己への帰還、すなわち自己への愛は、したがって二つに区分され、この世的な自己への（誤った）愛と神への愛における真の自己愛とが存在することになる。こうして、真に自己を愛する者は、自己の忘却・超出を敢行することによって、神によって救われる（将来的・永遠的）自己を志向する。「自らを超え出る者の他には誰も、神に至るものはいない」からである[11]。

神への愛と関係づけられることによって、真の自己愛を獲得した人間の生は、同様の事情で隣人への愛（dilectio proximi）へと広がりを見せる。世界はそのままでは時間的存在にほかならない

---

9 『告白録』第6巻1章・1（アーレント 2002:30）。
10 『告白録』第10巻6章・8（アーレント 2002:31）。
11 『ヨハネ福音書講解説教』20編・2（アーレント 2002:39）。

が、その中にすむ他者は、自己が己の内に神を見いだしたように、神との関係を回復するとき、「自分と同じように（sicut te ipsum）」愛すべき存在として出会うことが可能となるからである。したがって、朽つべき世に堕ちている隣人（proximus）があれば、彼が神へと向き直るように、むしろ配慮すべきなのである。

> こうして人類の中に、愛（dilectio）が責務とならない人間は一人もいなくなる。というのも相互の愛（caritas）への応答として、あるいは、われわれ共通の自然への参与の故に愛（dilectio）が要請されるからである[12]。

以上のように、二重の戒めは神への愛によって秩序づけられながら、その対象に即して、さらに自己愛、隣人愛へと整序される。しかしこの際に、二つの点が注意されるべきであろう。アウグスティヌスにおいては、（1）神への愛と自己愛は矛盾するのではなく、かえって真の自己愛と一致することである。また、（2）隣人愛において、他者が固有のものとして愛されるのではなく、自己と同等の存在として、つまり神の前の存在＝被造物として愛されることである。その意味で、この隣人愛は自己愛でもある。愛の秩序において自己愛がまさに要である。誤解を恐れずに言えば、秩序づけられた三つの愛は、実は自己愛の変奏にほかならないと判断することができる[13]。

---

12 『書簡』130 編 13（アーレント 2002:152）。
13 ニーグレンによる明快な論述を参照されたい。Nygren 1936:342-370.

II　カール・バルトと愛の二重の戒め

「愛はキリスト者の生の内実である」と語ったのは、他でもないバルトであるが、バルトは「いかにして人間が愛することが可能か」を問い、その際、「人間の中での愛の発生を、自然的な人間能力が超自然的なものへと拡大されることであるとして説明しようとする主張」(I/2, 412) を退けた。すなわち、伝統的な《愛の秩序》の教説を、批判的に超克することが試みられている。

ここでバルトは、愛の本性をめぐる人間学的探求から出発するのではなく、「神は愛である」(Iヨハネ 4:7) との聖書証言に依拠しようとする。そこから翻って《愛》は再定義されるに至る。そこで、バルトによる愛の教説は、われわれの愛の根拠としての「神の愛」、その応答としての「神への愛」と展開される。そして、その神の愛を中心とした同心円構造の最辺部に、「隣人愛」が定礎される。

1　「神は愛である」

人間における愛は、その本質においても、実在においても人間それ自身から理解されることはない。愛はまず神的な光の下においてのみ理解される。「人間に向かっての神の愛が、キリスト者の生がいまや実際に愛でもってはじまることができるために、それとしてのキリスト者の生活そのものに先行していなければならない」(I/2, 409)。神への私たちの愛は聖霊を通して私たちの心に注がれたものであり、また神が（罪人である）人間に愛をまず示

されたことによって、私たちは初めて愛を知る (ローマ 5:5-10)。それゆえ、神の愛は、キリスト教的愛の実在根拠であり、また認識根拠である。神の愛を第一次的愛とし、キリスト者の愛を第二次的愛と理解するバルトの立場は、きわめて一貫している (IV/2, 855)。

そのような神の愛は「神が御子にあってご自分を犠牲として捧げ給う」こと、「神は御子をわれわれの現実存在の中へ与え給うた」こと、神が人間の罪を「自ら担い取り除いて下さる」という啓示と和解の出来事によって示されている。聖書はこの神の愛を、イエス・キリストの名において証言するのである (I/2, 355-356)。このような神の愛の行為がすべての人間的愛に先行し、人間が神を愛するかとはさしあたり無関係に、神の自由な恵みによって与えられる。神は御子によって人間と出会い、結びつき、人間の救いであろうと欲する。神はわれわれの神となり、一人の人間となり給うことで、われわれを御自身の人間とする。その意味で神の愛とは、神の「人間に対しての自己贈与」(IV/2, 863) であり、また端的に愛とは「贈与」(IV/2, 829) にほかならないとバルトは特徴づける。

さらにバルトは、キリスト教的愛の根拠である神の愛に、「選ぶ愛」「潔める愛」「創造的な愛」という三つの詳細な規定を与えている。

(1) 神の愛は「選ぶ愛」、「神の自由な行為」である (IV/2, 869)。神は罪人としての、神に敵対する、愛するに値しない人間を愛し給う。神の愛には、そのような「にもかかわらず」が含まれている。神はそのような人間の神となることを、みずか

ら自由に選び取ったのであり、その意味で神の「愛」(diligere)は神の「選び」(eligere)、神の自由な主権的行為と規定される (IV/2, 871)。

(2) また神の愛は「潔める (reinigen) 愛」である (IV/2, 874)。神は罪人としての人間を愛した。それは「人間が神の憐れみを必要としているということを神が知り給う」(IV/2, 875) ことに基礎をもつ。神は自己贈与の行為によって自らを対置し、罪において破滅と死の内にある人間を解放することを願うのである。神の愛は、罪人への憐れみ・恵みであると同時に、そのような人間に対する神の「審き」でもある (IV/2, 876)。神の審きにおいて罪ある人間は停止し限界を示されることによって、神の恵みにのみ新しい命が開かれていることを人間は知るに至る。

(3) さらに神の愛は「創造的な愛」である。すなわち「その働きによって、神に愛せられた者たちが、自ら愛するものになるような愛である」(IV/2, 880)。われわれ人間は神に愛せられることによって神の言葉に出会うが、その言葉は神の命令として創造的な力として人間に働く。かつて人間は愛することを知らない者であったが、神の言葉に出会い、神に愛されることによって愛を知る。神の言葉は愛の根拠、愛の創造的な根拠として、「実際に愛する者たちを生じせしめ、実際に愛することによって愛する自由を持っているのだという不可解なことを証明する者たちを生じせしめ給う」(IV/2, 881)。それは愛する人間、新しい人間の存在規定を創造する愛なのである。

このような新しい人間の創造がキリスト者の（真の）愛の前提となる。バルトによれば、「神の愛は、それによって人間が愛する者となるような解放の創造的根拠として働く」(IV/2, 884)。人間は選びにより神の愛を知り、罪から潔められ、キリストの肢につながれるから、「キリスト者となるから、愛する者となるのであり、キリスト者となることによって、愛する者となるのである。…それゆえ、キリスト者であるということを、愛するということから、…分離してはならない」(IV/2, 884) し、また分離することはできない。いまや、バルトの考察は、根拠としての神の愛からキリスト者の行為・業としての愛の領域へと進むことになる。

2　愛の二重の戒め

バルトにとってすべての人間的愛は「われわれを愛し給う神の愛への応答として理解されなければならないわれわれが愛する愛」(I/2, 418) である。神の愛をめぐる探求を聖書証言から始めたように、キリスト者の愛の考察もやはり同様の起源にたどることが適切である。そのような証言こそが福音書におけるイエスの戒め、われわれが「愛の二重の戒め」と呼ぶものにほかならない。

(1)「神への愛」

キリスト教的愛は、イエスの言葉においてまず戒め、命令として現れる。バルトによれば、それは単なる普遍人間的な義務と了解されてはならない。この命令「愛すべし」(Du sollst) には、その根拠としての神の愛が先行するのであり、人間が神に愛されたものとして愛する者となるという約束が先行している。したがっ

てこの「愛すべし」を聞くときに、われわれは「汝は愛するであろう」（Du wirst）という新しい存在規定をつかむことが注意されねばならない。この神の言葉において、人間は神的命令が差しだされると同時に、この命令の成就、愛する者となる自分の未来が差し出されている。

　神は人間を愛された。そして神はまた人間が愛する者となることを求められている。それゆえ「愛するとは神を、われわれのために責任をもち、保証して下さることの中で、われわれの主として選ぶことを意味している。愛するとはこの神の命令に対して服従することを意味している」（I/2, 429）。神への愛とは、神の愛への応答的行為として、愛する者でなかった自分が「愛する者」となろうとすること、その命令を自分の事柄として受け取り、そのような愛する者となる自分の未来を選ぶこと、肯定し確認することである。

　このような神への愛において、われわれは自分とは異なる者として認識し、つまり「愛さなかった者」が「愛する者」と対向（gegenüber）することが起こる。愛は他者に対する愛であり、この愛の他者性こそが、さらに隣人愛の前提となる。このような他者性の認識は、人間が愛する者でなかったこと、神に不従順な罪人であることの認識、「悔い改めの自己認識」（I/2, 429）をもたらす。悔い改めの認識は、人間を空虚な自存性から自由にして、神を尋ね求めるように促す。人間の存在根拠は、神の愛に、イエス・キリストにおいて人間となり、和解し給うたという事実に求められる。したがって人間は神を尋ね求める者として、愛する者となる。

　こうして神を愛することは、神を人間の存在根拠として発見す

ることである。この認識は、キリスト教的愛が人間の状態と行為の全体的な変革をもたらすことを意味するとバルトは考える。なぜなら、人間はこのとき、神の前に愛する者となるか、全く愛する者でないかの決断に立つのであり、そして、ひとたび愛する者となるならば、「イエス・キリストによって、恵みを与えられた者として、また彼が自分自身の中で現にそうである罪深い被造物のひとりの者、彼の内面の中で、また彼の外面の中で存在しつつあるひとりの者、彼の道のすべての段階の上で、すべての事情のもとで、すべての出会いの中で、ひとりの者」(I/2, 435) として愛の戒めの下に自らを措くからである。これこそが「心を尽くし、精神を尽くし、思いを尽くし、力を尽くして神を愛すべし」との戒めが示す内容であると解き明かされる。

人間は、いまや神の愛によって、神と共に愛する者となることが、ゆるされている。神の愛における主権的な優位にもかかわらず、愛する者と愛された者として愛する者となった者の間に一つの類似性がもたらされる。このような類似性は人間の力によっては不可能である。それゆえ、キリスト教的愛は、さらにまた、この不可能を可能とした神への感謝として理解される (I/2, 441)。バルトは、神への愛は必然的に神への讃美へと移行することが明らかであると結論づける。そして、この神への讃美の業こそが、隣人愛の地平を構成する。

(2)「隣人愛」

隣人愛の戒めは、神を愛する者の感謝の応答行為として、神への讃美の要求として「わたしの魂よ、主をたたえよ。わたしの内にあるものはこぞって、聖なる御名をたたえよ」(詩103:1) とい

う命令と異ならないとバルトは語る (I/2, 442)。

しかしながら、神への愛の戒めと並んで、このような隣人への愛の戒めが語られていることを考えるに際して慎重でなければならないとバルトは注意する。神への愛の戒めこそが「唯一の命令、すべての命令の命令、すべての命令中の命令と呼ばれなければならないもの」(I/2, 443) であるとすれば、いったい隣人愛が第二の戒めと呼ばれるのは、いかなる意味であろうか。バルトは三つの可能性だけが考慮に値すると主張し、その妥当性を吟味した。

(1) 第一の可能性は、隣人愛は神への愛と並立する別の絶対的要求であるとの見解である。隣人への愛を、神への愛と同等に語ることは隣人を愛の対象として神と同等に扱うことであり、神の唯一性の要求から原理的に不可能である。キリスト者は二人の主にかねつかえることは許されないからである。

(2) それでは、神への愛と隣人愛とは同一のものであるという第二の可能性はどうであろうか。その可能性は「人類の代表者としての隣人に対して」か「私自身の人間性の成就としての…関係に対して」神的固有な価値を見いだすことによってのみ正当化される (I/2, 444)。人間性にこのような固有の価値を認めることは、人間性を宗教とし、人間愛を神への愛と摺り替える許されざる欺瞞にほかならない。さらに、隣人との関係を創造の秩序として巧妙に基礎づけることも考えられる。しかしこの秩序思想も、被造物のうちに直接にみるという自然神学的誤謬を犯しているとバルトは断ずる。

(3) 結論的に、ただ一つの可能性が「隣人愛の命令を、神への愛という絶対的命令と区別して、……相対的、派生的な、下位

に立つ諸命令のうちの一つとして、理解するという第三の可能性」(I/2, 447) だけが正当な理解としてのこされる。キリスト教的愛の戒めは、ただ一つの命令、神への愛の命令に帰着するのであり、第二の命令、隣人愛の命令は、いわばその「註釈」として理解されるべきなのである。

しかしながら、なぜ唯一の愛は二重の形態において命じられねばならないのであろうか。それは人間が「イエスの甦りと再臨[原文では「昇天」]の間の領域の中で、……二つの時間と世界に属しつつ生きている」(I/2, 450) ことに依拠している。人間は新しく創造された天と地に属する《義とされた》罪人として、永遠の命に与る者として、キリストの約束に生きる存在として神への愛の命令の下におかれ、同時に、来たりつつある、いまだ到来していないキリストの支配を待望する者として古い天と地のうちで目を覚ました、義とされた《罪人》として、今度は神による隣人愛の命令の下におかれるのである (I/2, 450-451)。確かにわれわれはさしあたり、この世のうちに生きている。しかし、その事実によって、来るべき新しい世の市民としての存在が毀損されるわけではない。したがって応答としての神への愛の戒めも、また神への感謝の表出も回避することはできない。むしろ人間は神へのわれわれの愛をこの世の中で、われわれの人間性において神への讃美という形式で表出しなければならないし、それが許されている。この世において、神の愛によって許された人間の未来を確認し、証言することが隣人愛の戒めの内容である。隣人愛は、この世にある限りでの神への愛に対する応答としての神への讃美、神の愛の証言であるという思想こそバルトの理解であった。

3 バルトにおける愛の構造

このようなバルトの隣人愛理解から、独自の愛の秩序構造が看取される。すなわち、

> 神を愛しなさいという命令がマタイのテキストの中で、ただ第一の戒めと呼ばれているだけでなく、また「一番大切な(,,große") 戒め」と呼ばれていることは、確かに正しいことである。それは基礎づける、包括的な命令であり、より大きな方の円であって、それは小さな方の円、隣人愛の命令を、自分の内に含んでいる。……そのようなわけで、隣人を愛するということは疑いもなく神への愛ゆえに、神を愛しなさいという命令の中で、神を愛しなさいという命令と共にわれわれに命じられており、神への愛は隣人愛への実質的根拠であり、解釈原理であるとともに、他方隣人愛の方は事実神への愛のしるしである(I/2, 452-453)。

神への愛に根拠づけられた二次的愛としての隣人愛の対象は、この解釈原理から限界づけられる。伝統的に、隣人は普遍性において把捉された人間全体を指すとしばしば理解される。しかしバルトは、「聖書的な意味では、私の隣り人とは決してそれとしての私のすべての人間仲間 (Mitmensch) のことではな」く (I/2, 462)、むしろ「われわれに対し、そのような者として据えおかれたところの人間仲間」(I/2, 458)、一定の「近さ(Nähe)」(IV/2, 910) にある、「愛する者と愛される者とが共にその中に生きている歴史的連関の近さ」(IV/2, 911) にある人間仲間である。端的に言えば隣人とは「教会」(I/2, 466)、イエス・キリストを中心にすえた神御自身とこの世の和解のために働かれる神の特段の語りかけと行動の連関として理解される救済史において生きる、同じ

未来を選び受けいれ共有する者たち、聖書が「兄弟」と強力に宣言した者たちである（IV/2, 914）。隣人愛は、このように神の愛に呼応して「選ぶ愛」「区別する愛」であり、具体的な愛である（IV/2, 910）。

しかしバルトが述べる隣人愛の具体性、その排他性は絶対的なものではあり得ない。キリスト者が救済史において生きる現実は、イエス・キリストが私たちの隣人となられたという事実に基づいている。教会はこの出来事・その恵みを感謝し、それゆえに讃美し、証言するのである。「教会は……ただ世のために［イエス・キリストを］代理しつつ存在することによって存在する」(I/2, 468)。それゆえキリスト者は、隣人愛の行為として、いま教会の内部にある快適な人間仲間のために奉仕することが求められるだけではなく、教会の外部にあって苦しみにある人間仲間のために、キリストの代理として「罪深い、彼の罪故に罰せられた人間仲間たる人間がわれわれの隣人」（I/2, 475）として愛することが求められる。

こうして隣人愛は教会における証言としての奉仕という実質を獲得する。「キリスト教的隣人愛が生きる範囲は、すべての人間という空間ではないが、しかし、それはそのような空間の中で厳重に閉ざされた範囲なのではなくて、そのような空間へと拡大しつつある範囲なのである」(IV/2, 917-918)ということが言われる。キリスト者は「今日自分の知っている兄弟に愛を注いで、今日はまだ自分の知らない兄弟にも明日は愛を注ぐことの修練を、あらかじめ行う」のであり、「より狭い愛において、いつもすでにより広い愛へと跳躍中なのである」（IV/2, 917）。

Ⅲ　バルトにおける自己愛

　以上の考察から明らかなように、バルトは伝統的愛の秩序思想とは一線を画して、自己愛を俎上にあげることはない。むしろ、そのような自己愛をめぐる従来の見解は誤りであると考えている。「自己愛の命令という人が勝手に考え出した発明は、アウグスティヌスにもかかわらず、きわめて重大な誤謬である」(I/2, 427) とさえ語っている。その理由は、「愛には向かい合うものが、対象が、必要である。ところがわれわれ自身が愛の対象であるとか、愛の対象となることができるということは全くの思い違いである」(I/2, 427) という簡潔な理由づけだけで答えられるものではない[14]。むしろ自己愛は、神への愛（および隣人愛）との反対物にほかならないからであった。

1　エロースとしての自己愛

　バルトによれば、自己愛は従来考えられてきたように愛の「ひな型」「模範」とみなすことはできない。それは「自分のように…愛する」という命令の著しい誤解である。確かに、アウグスティヌスが認めたように、人間とはわれわれ自身を愛する者である。しかし、そのような自己愛は「そもそも愛ではない」(I/2, 499)。なぜなら、罪人としての私たちは愛をもたない者であり、神の愛

14　アウトカは、バルトが自己愛を拒否した理由をあまりに単純に理解している (Autka1972:221ff.)。本論で述べるような人間論が十分にとらえられていないことが、彼のバルトにおける愛の理解を限界づけてしまっている。

への応答としてはじめて愛する者となり、また隣人を愛する者として呼び出されるからである。「われわれ自身を愛すること」は「われわれの中には何の愛もない」と同じであるとバルトは判断する（I/2, 500）。

自己愛をめぐるバルトの議論は、自己愛とキリスト教的愛を用語上、しばしば弁別することを避けているため、たどりにくいときも少なくない[15]。しかしながら自己愛においてエロースが、キリスト教的愛でアガペーであることがその特徴づけから次第に明瞭となる（IV/2, 839）[16]。

前述したように、キリスト教的愛、アガペー的愛の本質は「自己贈与」であった。これに対して自己愛、エロース的愛は「取り、征服し、所有する愛」（IV/2, 833）である。ここで注意すべきことは、バルトはどのような形の愛も、「人間の本質そのものに、固有であり、生得的であり、人間存在に基礎づけられている」（IV/2, 841）とは考えないことである。それは、愛を人間的本質と捉える従来の思想とは大きく隔たっている。むしろ人間的本質とは「その創造主であり主であり給う神と共にいるということ——人間の永遠の対向者として神と共にいること」（IV/2, 843）

---

15 そもそもドイツ語には二つの愛を区別する言葉がないことが、一つの理由であるが、あえて従来の議論における混乱を念頭に置きつつ、慎重に議論を進めていることが看取される。ときにバルトは自己愛を「あの別の愛」と意味深長に呼ぶこともある（IV/2, 832-841）。

16 愛の区別を論ずるに当たって、バルトはかのニーグレンの研究とハインリッヒ・ショルツ（Eros und Caritas, 1929）を参照している。またしばしばキェルケゴール（Leben und Walten der Liebe：『愛の業』1847年刊の Chr. シュレンプフによるドイツ語訳）に言及している。これらとの比較は興味深い課題であるが、紙幅の制約からここでは立ちいることができない。

である。愛の二つの規定は「人間本性の歴史的規定」(IV/2, 841)に基礎づけられる。つまり、神の被造物としての人間が堕罪によって神から離れ自存しようとするか、イエス・キリストの出来事に応答して神に服従するか、によって区別される。したがってこの二つの愛について「アガペー的愛は、人間的本性に対する対応において起こるが、エロース的愛は、人間的本性に対する背馳において起こる」(IV/2, 843) と言われる。バルトのこの区別は神学的人間論に基づいて構成され、それゆえに、二つの愛を愛として同一次元において議論することは原理上、許されないとバルトは主張するのである。

さらにバルトに即して二つの愛の特性を簡潔に述べておこう。エロース的愛は所有する愛として他者を求めるが、その他者を自分のものにして円環的に自己に回帰し孤立を脱することができない。それは窮屈な「自己閉鎖」であり、自己の恣意を存在の根底として選び、自分の存在を保持する労苦と責任とをすべて担う。そのために自分自身を世界に拡張し、おのれの欲望の環境として支配することを望む。バルトは自己愛がある意味で神への愛であることを認める。しかしそれは、真の神を拒否して、自己自身が自己の神であろうとする歪んだ愛である。同様のことが隣人についても言うことができる。エロース的愛は隣人を志向するが、他者を自己の意図の中で捉え、その意味ですでに隣人を放棄しており、見せかけ上所有しているにすぎない。これに対して、アガペー的愛は神への対向であり、自由に自己を神へと開き、その恵みと配慮において生きることである。それは隣人との交わりであり、他者と共に生きることの選択なのである（IV/2, 843-847）。

バルトにおいて、自己愛はキリスト教的愛において克服される

べき人間的規定である。すなわち「神への愛と隣人への愛がはじまるところで自己愛は終りをむかえる」（I/2, 427）のである。

2 「自分のように」

　自己愛がバルトにおいては、キリスト教的愛の決定的に対立するものとして特徴づけられている。だとすれば、「自分を愛するように」という第二の戒めの言葉は、まったく空疎な、一つの虚辞にすぎないのであろうか。

　繰り返しとなるが、バルトは「自分のように」という言葉に、いわゆる自己愛の命令を聞くことはない。また、もっとも近い隣人としての自己という思想（アウグスティヌス）にも、正しい自己の愛し方（キェルケゴール）にも共感を示さない（I/2, 426）。自己に対する正当化・義認を許容するような、一切の可能性は認められてはならない。むしろバルトにおいて、「自分のように」という限定詞は「悔い改めの自己認識」によって実質化されるものであった。

　バルトにおいて、愛の戒めは罪人に対する愛の命令であった。それは「自分を愛する者」として「愛さない者」であったことが暴露される瞬間であり、そのような神の愛によって「愛さない者」が「愛する者」として創造されることであった。人間は、神の命令によって隣人を愛するときに、はじめて愛することを始める。ここからバルトは「自分のように」の積極的意義を「実際の愛していない者としてのわれわれに対し、われわれが現にあるがままの罪人としてのわれわれに対し、隣人を愛することが命じられている」（I/2, 499）事態と捉える。われわれは自分自身の力で、他

者を愛する者に変わることはできない。それゆえ愛の戒めを聞いたときも、「われわれ自身をただ罪人として」差し出すことができるだけであるとバルトは指摘する (I/2, 500)。この意味で「自分のように」とは罪の自覚、悔い改めの認識と不分離な、われわれの愛に対する「批判的な」(I/2, 501) 限定であると理解されねばならない。愛は罪人の服従としてだけ可能であるとの謙虚な自己限定が「自分のように」という内容である[17]。

したがってキリスト教的愛は、つねに愛が神から由来することを忘却することはできない。キリスト者は、まず愛された者、受け容れられた者として愛することを許されている。そのような事態を念頭におきながらバルトは、「自分自身も、単にキリスト者としてではなくエロース的にも愛している人間であり、その限りにおいて異教徒である」(IV/2, 852–853) との自覚においてでしかアガペー的愛は語ることはできないと述べる。

いまや「自分を愛するように」($\omega\varsigma$ $\sigma\epsilon\alpha\upsilon\tau\acute{o}\nu$) の地平は、「わたしが……したように」($\kappa\alpha\theta\grave{\omega}\varsigma$ …) の地平へと開かれていく。

愛はキリスト者という高みにある人間が憐れんで異教徒を愛するのではない。異教徒であった、また (神の愛がなければ) 異教徒で今もあり続けるわれわれが、神の愛と戒めのもとで、異教徒を愛する以外の事態はありえない。このようにして、「隣人を自分のように愛しなさい」との命令は、かつて異教徒であった自分と同じ (異教徒である) 隣人をそのままに、愛する者となることができるように配慮し愛せよとの神の戒めとして理解される。このよ

---

[17] バルトは、人間が愛する存在であったかのように振る舞う自己欺瞞をさして、「われわれは隣人に対して、自分で工夫した愛のマスクをかぶって出会うことはできない」(I/2, 502) とさえ語る。

うな人間が、「神が自分を愛し自分も神を応答的に愛する自由をもっているということを、身をもって保証しようという唯一の意図をもって、自分自身をその他者のもとに移す（versetzt）」（IV/2, 930）ことがキリスト教的隣人愛にほかならない[18]。究極的に、キリスト教的愛は、異教徒同士の、罪人同士の愛へと帰着するのである。それは「互いに愛し合う」ことにほかならない。

そして、そのような相互的愛、聖書的表現にしたがえば「兄弟愛」は「自分のように」にかわって、「わたし［＝イエス］があなたがたを愛したように」（καθὼς ἠγάπησα ὑμᾶς）と限定において命じられるものであり、これこそが人間のもとにもたらされた「新しい戒め」であった（ヨハネ 13:34; 15:12）[19]。隣人愛の戒めにおいても、われわれは、愛そのものとしてのイエス・キリストに出会うことになる。バルトによれば、イエスは人間に啓示された神の愛そのものであったのと同様に、人間の最初の隣人でもあった。イエス・キリストにおいて、神は愛の第一次元（「あなたの神を愛しなさい」）と第二次元（「隣人を自分のように愛しなさい」）を実現される。そして、これに呼応して、「小さな証人・保証者・隣人・兄弟・サマリア人であり、キリストが大いなる証人・保証人・兄弟・サマリア人であるという事実によってだけ生きる」（IV/2, 935）ときにだけ人間は、キリスト教的愛に生きるのである。

---

18 この意味で、キリスト教的愛は「証人」としての業であり、「自己贈与」であると言わねばならない。
19 この戒めは「互いに愛し合うことのほかは、だれに対しても借りがあってはなりません。人を愛する者は、律法を全うしているのです。……どんな掟があっても、『隣人を自分のように愛しなさい』という言葉に要約されます」とのパウロの言葉（ローマ 15:8-9）と共に一層的確に理解される。

ま　と　め

　以上、カール・バルトの愛の理解を、《神への愛》《隣人愛》《自己愛》の相互関係から考察してきた。その際、バルトは《愛》を人間学的前提から導出する思考形態を徹底的に拒否していた。いわゆる「愛の秩序」の思想は、原理的に許容できないものであった。むしろ愛の根拠、否、唯一の根拠はイエス・キリストに求められる。その帰結として、いわゆる《自己愛》の余地は、バルトの愛の思想にのこされていないのである。この人間学的思考の拒否は、隣人の範囲についての議論にも確認できる。隣人愛は普遍人間的規定ではない。隣人もキリスト論的に定義され限定されたうえで、その具体的と呼ばれる隣人が救済史的観点から全人類へと向けて拡張されるのである。

　このようなバルトの愛の理解については、ユルゲン・モルトマン (Jürgen Moltmann, 1926-) による批判がある[20]。モルトマンは、神の愛と自由を等値するバルトの考え方は曖昧であり、とくに自由の概念をその主権性に代表させるとすれば、人間を神の所有物とするような「支配の言語」を語るにすぎないと評価を下している[21]。すでにモルトマンの批判を個別に検討するための紙数に

20　Moltmann 1980:68-72. またマクドゥガルの論述を参照されたい（McDougall 2005:76-82）。このマクドゥガルの研究は、モルトマンにおけるキリスト教的愛の思想を理解するための有益な手引きである。また、モルトマン自身による愛についてのまとまった論述は、以下の論考を参照されたい。

21　Moltmann 1980:68.「支配の言語」に対し、モルトマンは「共同性」の言語による自由と愛の概念を主張する。

尽きているが、モルトマンの批判の妥当性には疑念がのこる。むしろ、バルトなどの神論を批判的に受容しつつモルトマン自身が展開した、『神論』「神は愛である」と題した一節で規定される愛の諸条項を十分にバルトにおける神の愛の規定、とりわけ『和解論』において展開された規定は満たしていると筆者は判断している[22]。

これまで検討したように、バルトの愛の理解はきわめて一貫したものであった。今日、愛の危機、「愛すること」の不可能性が叫ばれている。このような現代だからこそ、例えばモルトマンのような批判も考慮しながら、バルトとともに、「愛すること」の可能性を問い続けることが求められているのである。

---

22 ここではバルトの神学的人間論に対してモルトマンがなした批判に関するマクドゥガルの論評が、この議論にも当てはまるのではないだろうか。「モルトマンは、入り組んだ著作からのバラバラな一節だけに依拠して包括的な判断を下している」(McDougall 2005:106)。ただし、「自分を愛するように」という言葉をめぐって、新しい形の自己愛の形態を摸索しているモルトマンの試みに筆者は共感している。その簡明な叙述は以下の講演に示されている。*Diakonie im Horizont des Reiches des Gottes : Schritte zum Diakonentum aller Gläubigen*, Neukirchener Verlag, 1984 (『人への奉仕と神の国』沖野政弘・芳賀繁浩・蓮見和男訳, 新教出版社, 1995年). その一方で、この議論は本論文の末尾で言及した「私が…したように（καθώς…）」の主題との関連性もまた考慮されるべきであると考える。

【参考文献】

『教会教義学』からの引用は、Karl Barth, *Die Kirchliche Dogmatik*, Zürich : EVZ Verlag から、慣例に従って参照箇所を、ローマ数字で巻数を、アラビア数字で分冊を示した。IV/2, 825 とあれば、第四巻第 2 分冊 825 頁を意味する。日本語訳は、新教出版社刊行の翻訳（吉永正義・井上良雄訳）を原則として参照したが、筆者の判断で原典を参照しつつ、改変した箇所もあることをおことわりしておく。

ハンナ・アーレント（2002）：『アウグスティヌスの愛の概念』千葉眞訳、みすず書房。
R. ブルトマン（1963）：『イエス』川端純四郎・八木誠一訳、未来社。
金子晴勇（1989）：『愛の秩序』創文社。
Gene Autka（1972）: *Agape : An Ethical Analysis*, Yale University Press［邦訳：G. アウトカ（1999）：『アガペー　愛についての倫理学的研究』茂泉昭男・佐々木勝彦・佐藤司郎訳、教文館］.
Joy Ann McDougall（2005）: *Pilgrimage of Love : Moltmann on the Trinity and Christian Life*, Oxford NY : Oxford University Press.
Jürgen Moltmann（1980）: *Trinität und Reich Gottes : Zur Gotteslehre, Beiträge zur systematischen Theologie*, Band 1, München : Chr. Kaiser Verlag［土屋清訳（1990）：『三位一体と神の国　神論　組織神学論叢 1』］.
———.（1988）: Love, Death, Eternal Life : Theology of Hope-the Personal Side, in Frederic B. Burnham et al.（eds）, *Love : The Foundation of Hope, The Theology of Jürgen Moltmann and Elisabeth Moltmann-Wendel*, San Francisco : Harper & Row, pp. 3-22.
———.（1984）: *Diakonie im Horizont des Reiches des Gottes : Schritte zum Diakonentum aller Gläubigen*, Neukirchener Verlag［沖野政弘・芳賀繁浩・蓮見和男訳（1995）：『人への奉仕と神の国』新教出版社］.

Anders Nygren (1936) : *Den Kristna Kärlekstanken genom tiderna, Eros och Agape,* II, Stockholm.

第10章　キリスト教式結婚式の変遷と愛による神聖化

中道基夫

は　じ　め　に

　明治政府の欧化政策により、欧米の文化が積極的に取り入れられ、日本人の生活様式は大きく変化した。さらに、第２次世界大戦後、特にアメリカの影響を受けてさらに日本人の日常生活は欧米化され、日本の文化形態は大きく変化した。その中の一つに結婚式が挙げられる。

　日本の近世において結婚式は、家や地域共同体内で行われる儀礼であり、人前式の形態で行われていた。それが日本人の生活と文化の欧米化とキリスト教の宣教によって、一般的にもキリスト教結婚式が普及することとなった。

　日本に入ってきたキリスト教結婚式は、さらに日本の諸宗教にも影響を与えた。日本の伝統的な結婚式と考えられる神前結婚式もキリスト教結婚式の影響を受けて成立したものである。神前結婚式は、複雑なしきたりによって成り立っていた家での結婚に代わって、荘厳・簡略・安価という利点を持ち、主として都市中産

階級に受け入れられ、発展することとなった。仏教においても仏前結婚式が行われるようになったが、その数はキリスト教結婚式や神前結婚式に比べて非常に少数である。

　現在では日本の結婚式の70％近くがキリスト教式でなされていると言われている。その普及の要因の一つとして挙げられるのが、第2次世界大戦後の個人主義の発達である。家や地域共同体で行われていた結婚式は、結婚は家と家との結びつきであるという理解に基づくものであった。しかし、家と家との結婚から個人と個人の結婚へと移行していったことに伴って、個人を尊重するキリスト教結婚式の人気が高まっていった。

　キリスト教結婚式では家と家との結婚式という理解よりも、個人と個人の結びつきが重んじられている。その結婚式において重んじられる言葉が「愛」である。特に、コリントの信徒への手紙Ⅰ13章のいわゆる「愛の賛歌」が結婚式の中で読まれている。

　しかしながら、結婚式においてこの「愛の賛歌」が正式に式文の中に取り入れられたのは、20世紀になってからであり、日本基督教団では戦後のことである。そもそも、それ以前は結婚式の式文においては「愛」はそれほど主要なテーマではなく、むしろエフェソの信徒への手紙5章21-33節に書かれている「夫婦の務めに関する教え」が中心的な聖書の箇所であった。もちろん愛や恋愛と結婚は昔から密接に結びついたものであった。しかし、必ずしも今日のように結婚において愛が絶対視されることはなく、むしろ両者の契約、もしくは両家の契約が優先されてきた。家同士が決めた結婚など個人と個人の愛を前提としていない結婚も存在し、結婚する二人の意思ではなく共同体の利益が優先されることもある。

本章においては、プロテスタントの結婚式文の源流と思われる英国国教会の"The Book of Common Prayer"に至るまでのプロセスとその後の変遷をたどりつつ、結婚式で「愛の賛歌」が読まれる意味とその問題性について考えたい。

I 結婚式の変遷[1]

ひとくちにキリスト結婚式といっても、実際にはそれが行われる地域や文化圏の習慣、また時代の変化や社会の流行、国家的政策、結婚観の変化の影響を受けたものであるために、多様な様式を持っている。また、結婚そのものが家族的、私的な事柄であるために、教会の結婚式は本来その私的な行事の宗教的一面を担っているにすぎない。それゆえ、一つの結婚に関する儀礼の中にも、様々な伝統や価値観に基因する風習が混在しており、また社会層の違いによって結婚式の形態も異なっている。それゆえ、キリスト教結婚式の実態を把握するのも困難である。しかしながら、結婚式の式文はキリスト教と社会や文化との出会いの場であり、その変遷をたどることによって、キリスト教における結婚理解の変化を知ることが出来る。

(1) 初期キリスト教会からトリエント公会議まで
旧約聖書には「男は父母を離れて女と結ばれ、二人は一体となる」

---

[1] ヨーロッパにおける結婚儀礼の成立過程については、尾田泰彦が詳細に述べている。また、森本あんりは、文献を挙げつつ新約聖書からピューリタンに至るまでの結婚の歴史を簡潔にまとめてくれている。

(創世記2:24)という神の言葉、十戒の中には「姦淫してはならない」(申命記5:18)「あなたの隣人の妻を欲してはならない」(申命記5:21)という男女間の倫理について記された箇所はあるが、具体的な結婚や結婚式の規定を見いだすことは出来ない。

新約聖書では、イエスは上記の創世記の言葉を用い「従って、神が結び合わせてくださったものを、人は離してはならない」(マタイ19:6 ; マルコ10:9)と結婚が神の業であることを述べている。しかしこれは結婚への積極的な勧めや離婚そのものの禁止ではなく、当時男性が身勝手な理由で妻を離縁していたことを禁じる言葉であり、「人は離してはならない」に強調点が置かれている。福音書は主として切迫する終末における倫理を語るものであり、日常的な結婚に積極的な意義を見いだす言葉はない。

パウロも「男は女に触れない方がよい。しかし、みだらな行いを避けるために、男はめいめい自分の妻を持ち、また、女はめいめい自分の夫を持ちなさい」(Iコリント7:1-2)と結婚そのものを消極的に評価し、「わたしとしては、皆がわたしのように独りでいてほしい」(Iコリント7:7)とむしろ独身でいることを勧めている。いずれにせよ、結婚と愛の関係、結婚式のあり方に関する言葉は見いだすことが出来ない。

使徒教父の文書において結婚に関する記述はあるが、禁欲的な教会でどのような儀礼が行われていたのかは明らかではない[2]。

ローマ法では結婚においては自由人である二人の同意や意見の

---

2 イグナティオスの手紙には、結婚は監督の承認を得てなされるものであり、神の栄光を表すものであって、欲情のためではないことが書かれている。テルトリアヌスも小論「妻に」において結婚について言及しており、両者の文章から、結婚が個人的なことであると同時に教会共同体にとっても尊重されるべきことであったことがわかる(尾田1998:60-61を参照)。

一致がもっとも大切なものとして考えられていた。古代の教会においては、典礼化された儀礼の発展はまだ見られない。また、禁欲的傾向が強かったため、パウロが言うように「自分を抑制できなければ結婚しなさい。情欲に身を焦がすよりは、結婚した方がましだ」（Iコリント 7:9）と考えられていた。結婚は禁じられていたわけではないが、「少しはましな悪」として許されていたのである。それゆえ、結婚するものがビショップに申し出て、この結婚が神によるものであり、自らの欲望によるものでないことを表明しなければならなかった。

結婚式が教会化され、その典礼が発展してくるのは中世である。中世では、ゲルマン法が影響し、二人の愛の結実よりも、花婿による花嫁の所有権が意味を持ち、口頭の契約による娘の保護権の授与が問題であった。まず、もともと個人的な事柄であり、それぞれの家で行われていた結婚式に、司祭が参加するようになった。11世紀頃には、結婚式がまず教会の前で行われるようになり、徐々に教会が結婚式に介入することになった。その結婚に伴う契約が教会で行われることによって、司祭が部族長（共同体の首長）の役割を担うようになった。祈祷と祝祷が最も重要な要素となり、父から夫への娘の保護監督権の譲与が司祭によって言い渡された。契約のしるしとしての指輪の授与、夫婦のベットの祝福も司祭によって行われるようになった。教会はさらに事前に近親婚や重婚でないことを審査する役割も担うようになった。そのように、教会が結婚式に関わることによって、結婚式は家から教会の門へ、そして教会の門から祭壇へとその場所を移し、結婚式が次第に教会によって神聖化されることになった。

しかしながら、依然として結婚は私的なことであり、両家がそ

の子どもの結婚によっていかに社会的立場を確実なものとし、高めるかということが問題であった。それゆえ、結婚は家と家との問題であり、両者の合意ではなく両家の合意が優先されていた。時代や地域によっては教会の介入が一切ないところもあり、市民社会が発達するに従って、宗教性を持たない市民婚が発達してきた。

結婚式に対する教会の介入を決定的にしたのが、1563年のローマ・カトリック教会がトリエント公会議において結婚をサクラメント（秘跡：神の恵みの目に見える形）に加えたことであった。結婚式で教会は、司祭が「わたしは結婚の秘跡であなたがたを結ぶ。父と子と聖霊のみ名によって、アーメン」と語ることによって、二人を夫婦にする権能を持つものとなった。

(2) 宗教改革と英国国教会 "The Book of Common Prayer" (1549年) の結婚式文

カトリック教会が結婚をサクラメント化したことに対して、ルターはカトリックの結婚理解を否定し、結婚はそれぞれの地域の風習などによって執り行われるこの世的な儀礼であると考えた。ただし、もし教会での結婚式が望まれた場合を考慮し、ルターは1529年に一つの短い結婚式文を提示した。ルターは結婚のサクラメント性を否定しつつも、結婚式は神の祝福が与えられ、とりなしの祈りがなされる場であるゆえに、誠実になされるべきであることを強調している[3]。

ルターの式文は、結婚は創造の時から神によって定められた秩

---

[3] Luther 1982:163-169 を参照。

序であり、エフェソ5章が示すようにキリスト教と教会との関係になぞらえて夫と妻のあるべき姿を示している。それだけではなく、結婚して家庭を維持するために働き、また子を産む苦しみがあること(創世記 3:16-19) をも教えている。しかし、それらのこともすべて神の祝福のうちにあるものであり、神が「良し」とされた (創世記 1：27-28、31) ことに基づいていることを確認し、それが結婚の根底をなすものであることが強調されている。

ルターの式文はプロテスタント教会の中でもっとも古いものであると思われるが、各プロテスタント教会の結婚式文にもっとも影響を与えたのは、1549年に編纂された英国国教会の祈祷書である。英国国教会の式文は独自に新しく作られたものであるというわけではなく、ローマ・カトリック教会の中で伝えられていた結婚式文とルターの式文を受け継いだものである。この祈祷書がプロテスタント教会の式文の基礎となり、各教派の中に取り入れられた。

II　結婚式文の比較

結婚式文を比較してみると（次頁参照）、1549年に編纂された英国国教会のBCPと1900年につくられた日本基督教会の結婚式文の間に、さほど大きな変化は見られず、500年近くの間、英国国教会の結婚式文が引き継がれてきたと言える。ただ、実際に各地域や教会で式文がどのように運用されていたかは明らかではない。それぞれの地域や時代の中で、牧師や教会の裁量で必要に応じて変更が加えられてきたことは想像できる。

結婚式文の比較(英国国教会・日本基督教会・日本メソヂスト教会・日本基督教団)

The Book of Common Prayer 1549年	日本基督教会 1900年
式辞	式辞
結婚の合法性の確認 会衆・二人	結婚の合法性の確認 会衆・二人
誓約 (男に対して) 何某。なんじ此の女を娶り、神の定めに従いて夫婦の神聖なる縁を結ぶことを願うか。またこれを愛し、これを慰め、これを敬い、健やかなる時も病める時もこれを護り、そのいのちの限り他の者に依らず、この女のみに配う事を願うか。	夫婦の義務に関する聖書の教え 夫 エフェソ 5:25-33、コロサイ 3:19、Iペトロ 3:7 妻 エフェソ 5:22-24、コロサイ 3:18、Iペトロ 3:1-6
	祈祷
(女に対して) 何某。なんじ此の男に嫁ぎ、神の定めに従いて夫婦の神聖なる縁を結ぶことを願うか。またこれに順い、これに事え、これを愛し、これを敬い、健やかなる時も病める時もこれを護り、そのいのちの限り他の者に依らず、この男のみに配う事を願うか	誓約 (男に対して)何某。汝此女子を娶り妻となさんとす、汝は真実に此の女子を以て汝の妻となさんことを願うや、また汝は神の教に従ひて夫たるの道を盡し、常に之を愛し之を敬い之を慰め之を助けて変わる事なく、その健やかなる時もその病める時も之に対し堅くその節操を守らんことを誓うや。
この男に娶すために、この女をわたすものは誰か。	(女に対して) 何某。汝此男子に嫁ぎ其妻とならんとす、何某。汝は真実に此の男子を以て汝の夫となさんことを願うや、また汝は神の教に従ひて妻たるの道を盡し、常に之を愛し之に従い之に事へて変わる事なく、その健やかなる時もその病める時もこれに対し堅くその節操を守らんことを誓うや。
(男から女へ) われ何某。神の聖制に遵いて、なんじを娶る。今より後幸いにも、禍にも、富にも、貧しきにも、健やかなる時も、病める時も、死が我ら二人を分かつまで、なんじを愛し、なんじを護る。これわが誠実になんじに誓うところなり。	
(女から男へ) われ何某。神の聖制に遵いて神聖なる婚姻を結び、この男子に嫁ぎて夫となす。今より後幸いの日にも、禍の時にも、富めるにも、貧しきにも、健やかなるにも、病めるにも、生涯なんじを愛し、なんじを顧み、なんじに事えん。これわが誠実になんじに誓うところなり。	
夫から妻への指輪の授与 夫「我はこの指輪をもってなんじを娶り、この金銀をなんじに与え、わがからだをもって汝を讃え、わが家産をなんじのものとする。父と子と聖霊の御名によって アーメン」	夫から妻への指輪の授与 夫「我は父と子と聖霊の聖名により、今此指輪を御身に与え、今後御身と苦楽をともにする証拠となす。アーメン」
祈祷	祈祷
宣言 何某と何某との二人今神聖なる婚姻を結び、神と会衆の前にありて、相共に誓約を立て、金銀の授受を行い、握手をなし、以て之を証せり。故に我父と子と聖霊の聖名を以て、我は、今此のこの男女の夫婦たることを宣言する。父と子と聖霊の御名によって アーメン	宣言 何某と何某とは、真心よりして夫婦たるの誓約を立て、清き結婚の手続きを全うせられたり。それ故に我父と子と聖霊の御名によりて、今此の男女の夫婦たることを宣言す。それ神の合わせ給える者は人之を離すべからず。アーメン
祝祷	祝祷
詩編 128	
詩編 67	
祈祷	
夫婦の義務に関する聖書の教え 夫 エフェソ 5:25-33、コロサイ 3:19、Iペトロ 3:7 妻 エフェソ 5:22-24、コロサイ 3:18、Iペトロ 3:1-6	

第 10 章　キリスト教式結婚式の変遷と愛による神聖化　215

日本メソヂスト教会 1907 年	日本基督教団 1959 年
	前奏（新郎新婦入場）
式辞	賛美歌
結婚の合法性の確認 会衆・二人	
誓約 （男に対して）何某。なんじは神の聖制に遵いて神聖なる婚姻を結び、この女子を娶りて妻となし、その病めるも健やかなるときも常に之を愛し、之を慰め、之を護り、他の女子を顧みずただこの女子に添いてその節操を変えざらんことを願うか。	聖書（いずれか一つ） 詩編 67 詩編 128 Ｉヨハネ 4:7-21 Ｉコリント 13
（女に対して）何某。なんじは神の聖制に遵いて神聖なる婚姻を結び、この男子に嫁ぎて夫となし、その病めるも健やかなるときも常に之を愛し、之を慰め、之を護り、他の男子を顧みずただこの女子に配いてその貞節を変えざらんことを願うか。	祈祷 式辞
（男から女へ）われ何某。神の聖制に遵いて神聖なる婚姻を結び、何某を娶りて妻となす。今より後幸いの日にも、禍の時にも、富めるにも、貧しきにも、健やかなるにも、病めるにも、生涯なんじを愛し、汝を顧みん。これわが誠実になんじに誓うところなり。	夫婦の義務に関する聖書の教え 夫　エフェソ 5:25-33、コロサイ 3:19、Ｉペトロ 3:7 妻　エフェソ 5:22-24、コロサイ 3:18、Ｉペトロ 3:1-6
（女から男へ）われ何某。神の聖制に遵いて神聖なる婚姻を結び、この男子に嫁ぎて夫となす。今より後幸いの日にも、禍の時にも、富めるにも、貧しきにも、健やかなるにも、病めるにも、生涯なんじを愛し、汝を顧みん。これわが誠実になんじに誓うところなり。	誓約 （男に対して）（　）、あなたはこの兄弟と結婚し、神の定めに従って夫婦となろうとしています。あなたはその健やかな時も、病む時も、これを愛し、これを敬い、これを慰め、これを助け、そのいのちの限り、堅く節操を守ることを約束しますか。
男から女への指輪の授与 男「われ父と子と聖霊との御名により、今この指輪を以てなんじを娶り、またわが家産を共同にするの証拠とす。アーメン」	（女に対して）（　）、あなたはこの姉妹と結婚し、神の定めに従って夫婦となろうとしています。あなたはその健やかな時も、病む時も、これを愛し、これを敬い、これを慰め、これを助け、そのいのちの限り、堅く節操を守ることを約束しますか。
祈祷	祈祷
宣言 何某と何某との二人今神聖なる婚姻を結び、神と会衆との前にありて、相共に誓約を立て、握手をなし（指輪を授受し）、以て之を証せり。故に我父と子と聖霊の聖名を以て、今此のこの男女の夫婦たることを公にす。それ神の合わせ給える者は人之を離すべからず。アーメン	宣言 （　）と（　）とは、神と会衆との前で夫婦となる約束をいたしました。ゆえにわたしは、父と子と聖霊の御名において、この兄弟と姉妹とが夫婦であることを宣言いたします。「神があわせられたものを、人は離してはならない」。アーメン
祝祷	賛美歌
祈祷	祝祷
主の祈り	後奏（新郎新婦退場）

1959年の日本基督教団の式文において決定的に異なっているのが、結婚の合法性を会衆と結婚しようとする当人に問う言葉がなくなっていることである。そもそも、教会が結婚式を執り行うのは単に宗教的な意味ではなかった。中世の時代から教会が行政の代理として、近親婚や重婚など法律に反する結婚を取り締まる役割を果たしていた。結婚の数週間前には、教会の前に結婚式の告知を掲示し、結婚への異議申立期間をおいていた。

　しかしながら、政教分離が進められ、地域共同体と個々人との繋がりが弱くなってきた社会の中では、教会が行政の代理としての役割を果たす意味がなくなってきた。欧米の教会の中では、現代も結婚に対する異議申し立てを尋ねる式文が残されているが、かつてほどの拘束力を持つ言葉ではなくなってきている。ましてや、キリスト教国でもない日本では、教会が結婚の合法性を問う社会的立場には立っていないため、式文からは消えている。

　その他、内容的には、指輪の授与、もしくは交換の意味が変わり、誓約の内容が変わり、読まれる聖書が変化している。この３つの変化は互いに連関するものである。両家や両人の契約が結婚の基本的な条件であったのに対して、愛が結婚の最も重要な条件として前面的に出てくることによって、この３つの事柄が関連しつつ、変化してきた。

(1) 指輪の交換

　ルターの場合は、夫婦が互いに指輪を交換するように指示している[4]。しかしながら、BCPでは、夫から妻へのみ指輪が渡され

4　ルターとその妻カタリーナ・ボーラとの指輪の交換は有名である。ヨー

ることが指示されており[5]、この習慣が400年以上もの間英語圏におけるキリスト教結婚式で受け継がれ、アメリカに渡り、日本の結婚式文にも影響を与えている。

この式文と指輪授与の儀式は、結婚が財産の問題と大きく関わっていることを表している。

まず、結婚において、父親が娘に対する法的な権限を夫に譲渡し、夫はその女性を所有する権限を取得することになる。そこには娘は父に、妻は夫に従属するという社会関係がある。

さらに、指輪の授与においてあえて財産に関して言及されているように、婚資などの財産・財産の所有権は結婚における重大な関心事であった。ただ指輪の儀式において、夫が妻との財産の共有を誓ってはいるが、実際は財産の大部分は男性家長の管理下に置かれていた。たとえ妻が不動産を婚姻前から所有していたり、または婚姻中に取得したとしても、それらの不動産は夫の管理下に入った。妻が夫の死後も生存した場合に、妻には寡婦分が与えられるが、それも夫の生存中は完全に夫の権限下におかれた。妻が婚姻に際して持参する嫁資や他の身の回りの品も夫の支配下に入った。

結婚式で誓われていることは、必ずしも財産の平等な共有とい

ロッパにおける婚約・結婚指輪に関しては、浜本隆志が論じている（浜本1999:48-68）に詳細に語られている。ヨーロッパの中に於いても、様々な風習があるが、この本の中では主としてドイツにおける指輪の意味が紹介されている。全体的にいって、指輪は契約のシンボルであり、結婚が契約に関わるものであることの象徴であるといえる。

5 この式文は、セイラム式文を引き継いでいる。1552年版では、"the gold and silver I thee give" が欠落し、1789年版では "with my body I thee worship," が削除されている。1928年版（アメリカ）では、"and with all my worldly goods I thee endow" が省かれた。

うことではなく、夫が先になくなり、妻が寡婦になった場合の、寡婦分の保障が誓われているに過ぎない。結婚の精神的側面は教会法により、また、物質的側面は世俗法によって規制されていたわけであるが、教会の結婚式において、「父と子と聖霊の御名において」財産の問題が語られ、教会の結婚式はその世俗法を宗教的に補完する役割を果たしていたと言える。

さて、日本においても男性から女性への指輪の授与に際して、同様の資産の共有に関する誓いがなされるように指示されているが、明治の民法の下では、妻には夫の財産の相続権はなく、家父長制に基づく民法の下、夫の財産はすべて嫡子に譲り渡されるものであった。

日本メソヂスト教会の礼文はほとんど英語の式文からの翻訳であると考えられるが、日本基督教会の式文は日本人によってつくられたものであると思われる。日本メソヂスト教会では、財産の共有に関する誓いの言葉もそのまま取り入れられている。しかし、日本基督教会の式文では家産の共有に対する言及はなくなり、指輪は「苦楽をともにする」証しであるという解釈がなされている。これは、当時の民法にあわせたものであったのか、それともアメリカの改革派教会においてそのような言い換えがなされていたのかははっきりしないが、いずれにせよ財産の授与に関する誓約に違和感を感じていたことは確かである。ただ、このような言い換えは結婚式が徐々に精神化されていくプロセスの一つであると思われる。

1944年のアメリカの南メソヂスト監督教会の式文においては、指輪の儀式に際して、財産の共有の誓いが全く別の言葉に言い換えられており、指輪を互いに交換する可能性も示され、指輪は内

的かつ霊的な恵みの象徴であり、「聖なる結婚」における男女の結びつきのシンボルとして表されている[6]。

　日本基督教団では、指輪に関する儀礼が全く省かれており、必ずしも指輪の交換はキリスト教結婚式の要素として必要不可欠のものとされているわけではない。

　BCPにおいて特徴的であるのが、"with my body I thee worship"である。これは中世より受け継がれたものであるが、あまりにも露骨な表現であるために、ピューリタンたちによって反対された。南メソヂスト監督教会の式文にはこの言葉は省かれている。

　ここに、キリスト教結婚式に関する一つの傾向が見られる。両家や又当人の契約に基づく社会的な制度としての結婚式から徐々に社会的な要素が排除され、結婚の宗教的意味合いが強められ、神聖化されている。

(2) 誓約の言葉

　日本基督教団や現代の欧米の教会の式文では、男女が誓約する言葉は同じものであるが、1549年のBCPから1900年の日本基

---

[6] （The minister shall say）This ring is an outward and visible sign of an inward and spiritual grace, signifying unto all the uniting of this man and this woman in holy matrimony; through the Church of Jesus Christ our Lord.

　Bless, O Lord, the giving of this ring, that he who gives it and she who wears it may abide forever in thy peace, and continue in thy favor; through Jesus Christ our Lord. Amen.

　（The man and the woman shall say）In token and pledge of the vow between us made, with this ring I thee wed; in the name of the Father, and of the Son, and of the Holy Spirit. Amen.（南メソヂスト監督教会 1944年）

英国国教会 1549		日本基督教会 1900		日本基督教団 1957	
男への問い	女への問い	男への問い	女への問い	男への問い	女への問い
Wilt thou have	Wilt thou have	この女子を娶り	この男子に嫁ぎ	この女子を娶り	この男子に嫁ぎ
love	obey	これを愛し	これを敬い	これを愛し	これを愛し
comfort	serve	これを敬い	これを愛し	これを敬い	これを敬い
honor	love	これを慰め	これに順い	これを慰め	これを慰め
keep her	honor	これを助け	これに事えて	これを助け	これを助け
	keep him				

督教会の式文を見るならば、男女の誓約の言葉が異なっていることが分かる。

男性にはまず女性を愛することが問われているのに対して、女性には愛することよりも、男性に順い、仕えることが優先し、愛は3番目もしくは2番目の項目として問われている。これは、エフェソ5:21-33に書かれている「夫婦に関する教え」に基づいたものであると思われる。夫婦の関係をキリストと教会との関係になぞらえ、キリストが教会を愛するように夫は妻を愛することを第一義とし、教会がキリストに仕えるように妻が夫に仕えることをもっとも優先している。またIペトロ3:1-7の言葉によって、サラがアブラハムを主人と呼んで服従したように、妻が夫に従うことをその務めとして第一に挙げている。

しかしながら、そのような家父長制的ジェンダー理解に基づく男女の関係が批判的に見直され、現代においては同等の誓いの言葉が語られるようになってきた。

(3)「夫婦の義務に関する教え」か「愛の賛歌」か

　結婚が共同体の出来事であった時代には、結婚式はその中での男女の役割分担を確認する場としての役割を担っていた。女性は父親から男性にわたされ、指輪は永遠の愛の誓いのしるしではなく、男性が女性を自分のものとするしるしであった。誓約の言葉も男性が優位に立つ内容のものであった。

　教会が行政や共同体の代理として共同体的・個人的事柄としての結婚式を補完する役割を担っていた時代には、夫婦の教えとしてエフェソ 5:21-33 や I ペトロ 3:1-7 が結婚式の中心となる聖書の箇所であった。

　　妻たちよ、主に仕えるように、自分の夫に仕えなさい。キリストが教会の頭であり、自らその体の救い主であるように、夫は妻の頭だからです。また、教会がキリストに仕えるように、妻もすべての面で夫に仕えるべきです。夫たちよ、キリストが教会を愛し、教会のために御自分をお与えになったように、妻を愛しなさい。…そのように夫も、自分の体のように妻を愛さなくてはなりません。妻を愛する人は、自分自身を愛しているのです。…いずれにせよ、あなたがたも、それぞれ、妻を自分のように愛しなさい。妻は夫を敬いなさい。(エフェソ 5:22-25, 28, 33)

　　同じように、妻たちよ、自分の夫に従いなさい。夫が御言葉を信じない人であっても、妻の無言の行いによって信仰に導かれるようになるためです。…その昔、神に望みを託した聖なる婦人たちも、このように装って自分の夫に従いました。たとえばサラは、アブラハムを主人と呼んで、彼に服従しました。あなたがたも、善を行い、また何事も恐れないなら、サラの娘となるのです。同じように、夫たちよ、妻を自分よりも弱いものとわきまえて生活を共にし、命

の恵みを共に受け継ぐ者として尊敬しなさい。そうすれば、あなたがたの祈りが妨げられることはありません。(Ⅰペトロ 3:1, 5-7)

　この夫婦に関する教えは、神と教会との関係を表すものであり、神の圧倒的な愛とそれに服従する教会の関係を夫婦関係に適用したものである。教会が、神の絶対的な愛を受け入れることによって、両者は一つにされる。夫に求められていることは、神が教会を愛したように愛することであり、妻に求められていることは教会が神に仕えるように夫に従うことである。

　この教えを受けて、ピューリタンでは「結婚の喜び、あるいは、性的満足感は、男性の権力とそれに服従する女性の出会いによって獲得されるのである」(Porterfield 1992:16) と考えた。ここにおける結婚の本質は「家父長権とそれに対する妻の服従の同意」(小檜山 2001:45)といえる。女性は夫に服従するのではあるが、「奴隷のようにではなく、自発的に従うのだ。真の妻は服従を名誉、自由と考え、夫の権力に服従するときのみ、自分の状況は安全で自由だと考える」(Porterfield 1992:34)。この論理は、まさに神と教会との従属関係を反映したものである。ピューリタンは、確固たる家父長制の中で、「夫と妻とがそれぞれの役割を受け入れて同伴者として生き、結果として愛情が生まれることで、結婚と家庭生活が神の恩寵の証しとして実感されることを期待していた」(小檜山 2001:48)。新しく形成されたアメリカ社会の中で、この婚姻関係は共同体の基礎であり、そこで形成される「クリスチャンホーム」は安定した社会の基盤であった。父親を中心とする家庭礼拝によって形成される家族関係は、社会における人間の関係性の模範であり、共同体全体の安定と平和に寄与するものであった。

宣教師によって日本に持ち込まれたこの夫婦関係は、同じく家父長制をもつ日本において受け入れやすい結婚観・家庭観であったのではないだろうか。

このピューリタンの夫婦関係と資本主義の発達に伴って、愛が結婚の最も重要な条件であると認識されるようになった[7]。一般的にいわれるのは、資本主義の発達によって伝統的共同体が崩壊し、個人主義が芽生えることによって、これまでの家と家とのつながりであるとか、地域共同体の中で行われる婚姻に代わって、個人の愛を優先させる結婚が重視されるようになったということである。

さらに、資本主義によって経済活動が家庭の外に出されることによって、家庭はもはや生産の場所ではなくなり、妻は家の中で子供を育て、夫の世話をする役割を担うことになる。そこで求められることは、安らぎ、優しさ、気遣いといった愛情の表現形態であった。

愛は時代の変化を問わず普遍的なテーマであり、愛が結婚の条件になったこと自体問題ではない。資本主義以前の結婚に愛が全く関係なかったとは言えない。

しかし、結婚式文の中では、愛はそれほど大きな役割を果たしていなかったことは、これまで見てきたとおりである。しかし、20世紀の半ば頃から欧米の結婚式文にIコリント13章が取り入れられ、その影響を受けて日本のキリスト教結婚式でも読まれる

---

[7] 「愛が結婚の最大の理由として一般化してくるのはアメリカでも資本主義が発展してくる、一九世紀初頭であり、その後、この傾向はますます強まり、今や当事者同士の愛が消えたら結婚も終わるのが普通になっている」。(小檜山 2001:60)。

ようになり、愛が結婚の大きな要素であることが強調されてきた。この変化は、地域・家族共同体の弱体化や個人主義の発達によるものであると言えるが、アメリカのピューリタンの影響や資本主義と結婚との関係を表すものでもある。

　　たとえ、人々の異言、天使たちの異言を語ろうとも、愛がなければ、わたしは騒がしいどら、やかましいシンバル。たとえ、預言する賜物を持ち、あらゆる神秘とあらゆる知識に通じていようとも、たとえ、山を動かすほどの完全な信仰を持っていようとも、愛がなければ、無に等しい。全財産を貧しい人々のために使い尽くそうとも、誇ろうとしてわが身を死に引き渡そうとも、愛がなければ、わたしに何の益もない。愛は忍耐強い。愛は情け深い。ねたまない。愛は自慢せず、高ぶらない。礼を失せず、自分の利益を求めず、いらだたず、恨みを抱かない。不義を喜ばず、真実を喜ぶ。すべてを忍び、すべてを信じ、すべてを望み、すべてに耐える。愛は決して滅びない。(Ⅰコリント 13:1-8a)

しかし、Ⅰコリント13章の「愛の賛歌」は、愛のあるべき姿を語るものであるが、教会の中ではそれは男女の愛を描くものとして語られてこなかった。この言葉は、読む者に愛の理想の高さと自分の限界との落差を感じさせる。教会の中では「愛の賛歌」は人間が持つ愛の素晴らしさを讃えるのではなく、それはイエス・キリストの愛を讃える言葉として教えられている[8]。

8　ゴルヴィツァーはその説教において、「愛の賛歌」の「愛」という言葉は「イエス・キリスト」に読みかえて理解すべきであることを教えている。しかし、それはイエス・キリストの愛を讃えるだけではなく、その愛を持って愛されている人間が、その愛に生かされることへと促されていることを語っている（ゴルヴィツアー 1987:24-40 を参照）。このような説教はゴルヴィッツアーだけに限らず、日本の説教の中にも見られる（大宮

Ⅲ 結婚における愛の問題と課題

　神の愛を示す「愛の賛歌」が結婚式であたかも夫婦の愛のあるべき姿として語られるのは、結婚における愛を理想化しすぎているのではないだろうか。そのような愛という言葉で結婚が飾られることに対して批判的な意見もある。

　夫婦の務めに関する教えに代わって、愛が強調されることによって、より一層個人と個人の対等な関係における結婚が重んじられる。しかし実際の結婚生活は愛というテーマによって全く夫婦同権の関係が構築されたわけではなく、家父長制的な要素が残っいる。また、愛がもっとも大切であるといいつつ、社会制度の中で認められた結婚形態のみが祝福の対象となるという矛盾も含んでいる。結婚に至るには、そこに当人同士が愛し合う想いがあったであろう。しかし、そこにさらに神から求められている愛が語られ、そして、具体的な愛の形としての夫婦の教えが述べられることに問題を感じる[9]。愛は家父長制的な男女関係を神聖化する働きをしていないだろうか。

　また、愛という言葉によって結婚のプライベート性が強調され、

　1997:202-211 を参照）。
9　イタリアのフェミニスト、ジョバンナ・フランカ・ダラ・コスタは「愛はすばらしいことであるどころか、労働関係を覆い隠す神秘化の中でもっとも重大な神秘化に他ならない。賃金も支払われることなく家事労働を供給するように女を駆り立てているのは、この『愛』なのである」（コスタ 1991:24）と、家事労働を愛と見なすことによって、質的にも量的にも無制限の搾取が正当化され、その原型は奴隷制にみることができると愛による結婚の神聖化を批判している。

従来持っていたパブリックな面が弱くなっている。かつて結婚が共同体の出来事であったときには、個々人の意思よりも共同体の利益が優先されたという問題を持つ一方で、その生活が共同体によって支えられていたという利点を持っていた。しかし、結婚が個人の事柄であることが愛という言葉と共に強調されることによって、結婚生活や家庭を維持する負担を結婚した二人だけが背負わなければならない状況にある。結婚は個人の事柄であるゆえ、その責任も個人が負わなければならないのは当然であるが、家族が社会の中で孤立し、様々な結婚や家庭生活の中で起こる問題を担いきれないでいるのが現状である。多様な生き方をするときには、さらに社会の中で孤立する傾向にある。二人の愛だけでは支えきれない問題に直面することもあり、社会制度としても、法律的にも、支援体制が構築されなければならない。結婚した二人を取り囲む人々の支えが必要となっている。既成の共同体が弱体化した中で、結婚式において必要なのは個人の愛だけではなく、結婚した二人を支える新たな共同体の構築である[10]。

現代において、伝統的な結婚概念や制度が揺るぎ、新しいパートナー関係が模索される中で、社会制度としての結婚がⅠコリント13章の「神的な愛」によって神聖化されることは、旧来の結

---

10 義積は「現代の不安定のパートナー関係の背後に、友人などのより安定した豊かな支援ネットワークを持っていることが貴重な財産になる」（義積 2000:20）と新たな共同体の必要性を述べている。また、イギリスと社会学者ギリスは、1960年代までは愛と結婚と愛は分離できないものであるという理想が支配的であったが、現実は厳しく、愛と結婚を区別しなければならないことを述べている。その上で、新しい家族の創設のために結婚した二人の人間関係に心動かされた人々の援助が必要であることを訴えている（ギリス 2006:492-513を参照）。

婚制度が絶対化され、人間の生き方としての多様性を阻むことになりかねない。

　現代のキリスト教結婚式においては、多様化した社会に生きる個々人が尊重されつつ、その人々が支えられることが主題となる必要がある。多様なパートナー関係が新たな共同体の中で支えられ、「一つの部分が苦しめば、すべての部分が共に苦しみ、一つの部分が尊ばれれば、すべての部分が共に喜ぶのです。あなたがたはキリストの体であり、また一人一人はその部分です」（Iコリント12:26-27）という聖書の言葉がテーマとなることが考えられる。

ま　と　め

　キリスト教結婚式文の変遷をたどり、結婚式の愛による神聖化の過程を見てきた。結婚式文自身が絶対的なものではなく、時代の変化の中でその役割もテーマも変わってくるものである。

　例えば、カナダにおいては同性愛者の権利が認められており、カナダ合同教会の結婚式文は従来の異性愛者間の関係を表す結婚（Marriage）という言葉だけを用いず、生涯の同伴者（Life Partnership）という言葉をも併記している[11]。また、再婚者同士、また既に子どもがいる場合の結婚式の式文も考えられており、現代の多様な結婚に対応した式文となっている。

11　カナダ合同教会の結婚式文の表題は"Celebrate God's Presence in the Covenant of Marriage and Life Partnership"である。

現代においてキリスト教はもはや結婚の審査機関でも認証機関でもない。キリスト教は新しい生活を始めようとする人々を祝福し、その人々を支える多様な個性を尊重する新たな共同体の構築に仕える役割を担うものでなくてはならない。そこに一つ一つのいのちを愛し祝福する神に仕える教会の姿がある。

【参考文献】

ジョヴァンナ・フランカ・ダラ・コスタ（1991）:『愛の労働』伊田久美子訳、インパクト出版会。
ジョルジュ・デビュー（1994）:『中世の結婚　騎士・女性・司祭』篠田勝英訳、新評論。
ハンス=ヴェルナー・ゲッツ（2004）:『中世の聖と俗　信仰と日常の交錯する空間』津山拓也訳、八坂書店。
ジョン・R・ギリス（2006）:『結婚観の歴史人類学』北本正明訳、勁草書房。
H. ゴルヴィツァー（1987）:『愛に生きる教会』南吉衞訳、新教出版社。
浜本隆志（1999）:『指輪の文化史』白水社。
J.A. ユングマン（1997）:『古代キリスト教典礼史』石井祥裕訳、平凡社。
小檜山ルイ（2001）:「アメリカにおける結婚」『結婚の比較文化』勁草書房、35-72頁。
尾田泰彦（1998）:「ヨーロッパにおける儀礼文化の形成とキリスト教会　―結婚儀礼の成立過程を中心に―」『儀礼文化』儀礼文化学会、25:58-77頁。
大宮溥、大宮チエ子（1997）:『希望の旅：大宮溥・チエ子説教集』教文館。
大下幸恵他（1992）:「座談会　性差別の視点からキリスト教結婚式を考える」『信徒の友（1992年3月号）』日本基督教団出版局、78-83頁。
アラン・マクファーレン（1992）:『資本主義の文化』常行敏夫・堀江洋文訳、岩波書店。
森本あんり（1999）:「性と結婚の歴史」関根清三編『性と結婚』日本基督教団出版局、50-71頁。

義積京子 (2000) :「結婚制度のゆらぎと新しいパートナー関係」義積京子編『結婚とパートナー関係　問い直される夫婦』ミネルバ書房、1-23頁。

Amanda Porterfield (1992) : *Female piety in Puritan New England : the emergence of religious humanism*, New York : Oxford University Press.

Martin Luther (1982) : *Ein Traubüchlein für die einfältigen Pfarrherrn, in Hrsg. v. Kurt Aland, Luther Deutsch. Die Werke Martin Luthers in neuer Auswahl für die Gegenwart*, Vandenhoeck & Ruprecht S.163-169. または http://www.glaubensstimme.de/reformatoren/luther/luther54.html を参照。

英国国教会 *The Book of Common Prayer*.
　http://justus.anglican.org/resources/bcp/england.htm を参照。

索　引

聖書・クルアーン引証箇所索引

【旧約聖書】

創世記

1:27-28	213
1:31	213
2:18	80n
2:24	80n, 209-210
3:16-19	213
21:9-21	11
21:10	11
22章	11
22:2	11, 127
23章	12
24:2-4	12
24:62-65	12
24:66	12
24:67	12
25:27-29	13
27:1-40	13
27:43-44	13
27:45	13
28:5	13
29:14b-30	13
29:18	14
29:30	14
29:31	14
29:33	14
30:22-24	15
37:2-4	14
37:3	15
37:23	15
38:9-10	82
38:12	12
42:4	15
42:38	15
43:8-9	15
44章	17
44:20	15
44:30	17
45:3	15
45:9-11	15
46:5-7	15

出エジプト記

18:21	39
20:14	81
20:17	81

レビ記

18:8	88
18:20	81
19章	22, 22n
19:2	22n
19:4-8	22
19:9-18	22
19:16	23
19:17	23
19:18	8, 22, 22n, 23n, 38, 40, 43n, 57n
19:19	22
19:20	23
19:20-22	22
19:23-26a	23
19:26b-28	23
19:33	23
20-21章	81n
20:10	81
20:26	22n

申命記

4:37	21

5:6-21	21	20:30-31	18
5:7	21	20:32-33	17
5:18	210	23:17	18
5:21	210	23:18	17-18
6:4	33	25:44	18, 19n
6:4-5	8		
6:5	38, 40		

サムエル記下

7:6-8	21
10:12-13	22
10:15	21
21:15-17	14n
23:1	88
27:20	88

1:26	17
3:2-5	19
3:14	19
3:15-16	19
6:20-23	19
9章	18n
16:3	18n
19:25-31	18n

士師記

8:30	80n

列王記上

14:24	81n

サムエル記上

1:5	14
5:13	80n
14:45	16n
14:47	16n
16:14	16
16:18	16
16:19	16
16:21	16
16:22	16
16:23	16
18:1-3	16-17
18:3	17-18
18:4	17
18:20-29	18
18:25	18
18:27	18
19:1-8	17
19:11-17	18
20章	17
20:14-15	18
20:16	17-18

詩編

67編	214, 215
103:1	192
128編	214, 215

箴言

5:18-19	81
5:20	82
17:23	39

雅歌

2:16	19
8:1	25

エレミヤ書

31:15	12

ダニエル書

3:19-20	63
12:2	32n

【新約聖書】

マタイによる福音書
5:21-48	35
5:43-44	35
5:43-48	160
5:44	44, 53
5:46	37
19:6	210
22:34-40	57n
22:35-40	30, 182
22:36	33, 33n
22:37-39	53
22:40	57n
24:12	54n
25:31-40	46
25:35-36	46
25:42-43	46

マルコによる福音書
10:9	210
10:11-12	81
10:21	63
11:15-17	7
11:23	63n
11:27-33	33
12:13-17	33
12:28	7
12:28 以下	38
12:28-31	29
12:28-34	34, 57n, 182
12:29	7, 34
12:29-31	53, 56-57nn
12:31	57n
12:31b	33n
12:32-33	34

ルカによる福音書
6:27	53
6:27-28	44
6:28	44, 47
6:32	48
6:35	48
10:25	33
10:25-28	30, 36, 182
10:25-37	36, 160
10:28-29	36
10:29	36
10:30-35	36
10:30-37	36
10:36	36
11:41	63
11:42	54n
12:33	63
14:12-14	63

ヨハネによる福音書
8 章	81
13:34	182n, 202
15:12	56n, 202

使徒言行録
15:20	86n
15:29	86n

ローマの信徒への手紙
1:7	56
1:18	65n
1:19-27	87n
2:4	65
2:8	65n
3:22	87
5:1-5	68n
5:5	56
5:5-10	160, 188
5:8	55, 69
8:4	42n
8:28	57n

索引　233

8:31-39	69
8:34-35	55, 69
8:35	56n
8:39	56n
10:12	87
12-15章	43
12:9	43
12:9-10	43, 57
12:12	65
12:13	46
12:13b	46n
12:14	43, 44, 47, 48n
12:17-21	43
13:1-7	43
13:8	42n
13:8-10	42, 43, 56, 57n, 160
13:9	182n
14:9	43
14:15	43
15:2	43
15:8-9	202n
15:30	56

コリントの信徒への手紙一

1:12	85
1:26-28	85
2:7	63
3:4	85
4:12	44
5:1	88
5:9	86n
5:9-10	90
5:11	87
6:9	88
6:9-10	87
6:12-20	88
6:13	88
6:17	129
6:18	86n, 88
7章	84
7:1	84
7:1-2	210
7:1-7	84
7:2	87, 89
7:3-4	90
7:5	90
7:7	89, 210
7:9	90, 211
7:28	89
7:29	89
7:31	89
7:32-34	89
7:32-35	89
7:38	89
8:3	57n
9:12	65
10:8	86n
11:17-34	85
12章	59, 62n
12-14章	59
12:1以下	60
12:2	85
12:8-10	63
12:8-11	66
12:9	63
12:9-10	66
12:26-27	227
12:28	63
12:31b	60
13章	54, 57n, 58-59, 59, 60, 60n, 61, 68, 69, 70, 72, 208, 215, 223-224, 226
13:1	62
13:1-2	66
13:1-3	61, 61-62, 67
13:1-8a	224
13:2	62, 63, 71
13:3	62, 63

13:4	65	**エフェソの信徒への手紙**	
13:4a	64	5 章	213
13:4b-6	64, 65	5:3	86n
13:4-7	61, 64-65	5:21-33	91, 208, 220, 221
13:7	64, 65, 71	5:22-24	214, 215
13:8	66, 66n, 70, 71, 71n	5:22-25	221
13:8a	66	5:22-33	76
13:8b	66	5:25	91
13:8 以下	70	5:25-33	214, 215
13:8-12	61, 65-66	5:28	91, 221
13:9 以下	66	5:33	221
13:9-10	66		
13:11	66, 67	**フィリピの信徒への手紙**	
13:12	66, 67	1:9	56
13:13	61, 65, 68-69, 69, 70, 71n	**コロサイの信徒への手紙**	
14 章	59, 62n, 63, 66n	1:4-5	68n
14:1a	60	3:5	86n
14:18	62	3:18	214, 215
14:34-36	85	3:18-19	91
15 章	60n	3:19	214, 215
15:51	63		
16:1	63	**テサロニケの信徒への手紙一**	
		1:3	68n
コリントの信徒への手紙二		1:4	56
6:6	56, 65	3:1	65
12:4	62n	3:5	65
		4:7	87n
ガラテヤの信徒への手紙		4:9	57
5:5-6	68n	5:8	68n
5:6	56, 57n		
5:13-14	56	**ヘブライ人への手紙**	
5:13-15	41	11:34	63
5:19	86n	13:1-3	46
5:19-20	87n		
5:22	56, 65	**ヤコブの手紙**	
6:1	56	2:8	45, 45n
6:10	57	2:10	42n
		4:11	45

ペトロの手紙一

3:1	222
3:1–6	214, 215
3:1–7	220, 221
3:5–7	222
3:7	214, 215
3:8–9	47

ヨハネの手紙一

2:16	113–114
3章	182n
3:11	45
4章	182n
4:7	187
4:7–21	160, 215
4:21	45, 57n

【クルアーン】

2:190	97–98
2:276	98
3:14	98
3:17	98
3:31	96
3:32	97
5:54	96
5:93	97
7:189	101
9:108	97
11:90	96
19:96	97
20:38	96
24:32	102
25:74	103
30:21	103
49:7	98
58章	99
58:20	99
60:8	97
85:14	96
89:21	98

執筆者紹介 (掲載順)

水野隆一（みずの・りゅういち）
1963 年生　関西学院大学神学部教授、関西学院大学キリスト教と文化研究センター副長（**主要業績**）『アブラハム物語を読む　文芸批評的アプローチ』新教出版社、2006 年。「「選民」と暴力―ボーダーの内と外」（前島宗甫編著・関西学院大学大学共同研究「暴力とキリスト教」研究会編『暴力を考える―キリスト教の視点から』）関西学院大学出版会、2004 年。「エズラ記」「ネヘミヤ記」「雅歌」（木田献一監修『新共同訳　旧約聖書略解』）日本キリスト教団出版局、2001 年。「ヨセフ物語　創世記三七～五〇章」（木田献一他編『新共同訳聖書注解旧約聖書・旧約続編 I』）日本キリスト教団出版局、1996 年。

辻　　学（つじ・まなぶ）
1964 年生　関西学院大学商学部助教授・宗教主事、関西学院大学キリスト教と文化研究センター主任研究員（**主要業績**）『ヤコブの手紙』（現代新約注解全書）新教出版社、2002 年。『改訂新版　現代を生きるキリスト教』（共著）教文館、2004 年。「牧会書簡と初期キリスト教」(「日本聖書協会主催「聖書セミナー」講義録』Vol. 1)、クリスチャンセンター神戸バイブルハウス、2006 年。「復讐するのは神―新約聖書と暴力」(『暴力を考える―キリスト教の視点から』) 関西学院大学出版会、2004 年。

嶺重　淑（みねしげ・きよし）
1962 年生　関西学院大学神学部専任講師、関西学院大学キリスト教と文化研究センター主任研究員(**主要業績**)Besitzverzicht und Almosen bei Lukas (WUNT 2.163), Mohr Siebeck 2003.「イエスの非暴力」(『暴力を考える―キリスト教の視点から』)関西学院大学出版会、2004 年。

大宮有博　（おおみや・ともひろ）
1970 年生　名古屋学院大学商学部専任講師（**主要業績**）『アメリカのキリスト教がわかる』キリスト新聞社、2006 年。「ルカ文書の描く『越境する宣教』」『神学研究』（関西学院大学神学研究会）第 51 号、2004 年。

後藤裕加子（ごとう・ゆかこ）
1966 年生　関西学院大学文学部助教授（**主要業績**）『ワードマップ　イスラーム社会生活・思想・歴史』（共著）新曜社、2006 年。「サファヴィー朝ムハンマド・フダーバンダ時代の宮廷と儀礼」『西南アジア研究』第 61 号、2004 年。「カスピ海沿岸地方の二つのサイード政権の成立―西暦十四、十五世紀のイラン社会と民俗イスラム」『史学雑誌』第 108 巻 9 号、1999 年。

山上浩嗣（やまじょう・ひろつぐ）
1966 年生　関西学院大学社会学部助教授（**主要業績**）『フランス語入門 II』（共著）放送大学教育振興会、2006 年。『はじめて学ぶフランス』（共編著）関西学院大学出版会、2004 年。「パスカルにおける『中間』の問題」『関西学院大学社会学部紀要』第 91 号、2002 年。『ブローデル歴史集成』I・II（共訳）藤原書店、2004/2005 年。

舟木　讓（ふなき・じょう）
1961 年生　関西学院大学経済学部助教授・宗教主事、関西学院大学キリスト教と文化研究センター主任研究員（**主要業績**）「キェルケゴールにおける教会批判の射程」（日本キェルケゴール研究センター刊行『キェルケゴールとキリスト教神学の展望―〈人間が壊れる〉時代の中で―』）関西学院大学出版会、2006 年。「暴力の根底にある思い―「優生思想」という暴力」（『暴力を考える―キリスト教の視点から』）関西学院大学出版会、2004 年。「S. キェルケゴール『死に至る病』の人間理解―キェルケゴールの人間理解に関する一考察―」『外国文化論集』（関西学院大学経済学部）第 2 号、1999 年。

近藤　剛（こんどう・ごう）
1974 年生　神戸国際大学、神戸松蔭女子学院大学、四天王寺国際仏教大学非常勤講師（**主要業績**）『比較宗教学への招待―東アジアの視点から―』（共著）晃洋書房、2006 年。「宗教的寛容の源流と流露―神学的基礎付け・哲学的概念化・合法的制度化―」（『人文知の新たな総合に向けて―21 世紀 COE プログラム「グローバル化時代の多元的人文学の拠点形成」―』第二回報告書 III〔哲学篇 2〕）京都大学大学院文学研究科、2004 年。「神の国と涅槃―ティリッヒと久松真一の対話―」（『キェルケゴールとキリスト教神学の展望』）関西学院大学出版会、2006 年。ティリッヒ『平和の神学　1938-1965』（共訳）新教出版社、2003 年。

平林孝裕（ひらばやし・たかひろ）
1963 年生　関西学院大学神学部助教授、キリスト教と文化研究センター主任研究員（**主要業績**）『デンマークの歴史・文化・社会』（共編著）創元社、2006 年。「セーレン・キルケゴールにおける心理学の問題　一つの歴史的研究」『理想』No.676、2006 年。「人間の欲望とキリスト教――ルネ・ジラールを手がかりに」（『暴力を考える―キリスト教の視点から』）関西学院大学出版会、2004 年。『カール・バルト説教選集』（雨宮・大崎・小川監修）第 14 巻 / 第 16 巻（共訳）日本キリスト教団出版局、2002/2005 年。

中道基夫（なかみち・もとお）
1960 年生　関西学院大学神学部助教授（**主要業績**）『現代ドイツ教会事情』キリスト新聞社、2007 年。『イエスの誕生―アドヴェントからクリスマスへ』（共編著）キリスト新聞社、2005 年。「暴力の克服とキリスト教」（『暴力を考える―キリスト教の視点から』）関西学院大学出版会、2004 年。『世界の礼拝シンフォニア・エキュメニカ　式文集』（共訳）日本キリスト教団出版局、2004 年。

愛を考える　キリスト教の視点から

2007 年 3 月 30 日　初版第一刷発行

編著者	平林孝裕
	関西学院大学共同研究「愛の研究」プロジェクト

発行者	山本栄一
発行所	関西学院大学出版会
所在地	〒 662-0891　兵庫県西宮市上ケ原一番町 1-155
電話	0798-53-5233

印刷	大和出版印刷株式会社

©2007 Takahiro Hirabayashi
Printed in Japan by Kwansei Gakuin University Press
ISBN　978-4-86283-012-8
乱丁・落丁本はお取り替えいたします。
本書の全部または一部を無断で複写・複製することを禁じます。
http://www.kwansei.ac.jp/press

※本書は 2004/2005 年度関西学院大学共同研究（一般研究 B）
　の成果である。